漂流的歲月（下）
——棲遲天涯

目次

第七部分 南往

第八部分 北來——初抵美國

第九部分 二十世紀七十年代

第十部分 哀傷的八十年代

第十一部分 二十世紀的最後十年

第十二部分　二十一新世紀

第十三部分　酒蟹居中酒中仙

第十四部分 莊門兄弟

第十五部分 臥虎藏龍

第十六部分 餖飣雜碎

第六部分

去國

去吧，到外面去闖闖總是好的。
不必立意留在臺灣，
這也是傳授中國文化啊。
也許我們以後就稱呼你莊因大使了。

水擊三千里，飛行一日航；
丁寧無別語，祇道早回鄉。

「祇道早回鄉」

一九六四年年底，我終於「自動自發」地真正地「出國」了。

在前面的〈楔子〉中就曾言，我早年「是全然被動地隨家逃亡流浪的。我不是有意識地自發地逃亡流浪的。『被動』及『自發』之間有著頗大的差距，前者的悲劇性遠勝於後者」。一個人有無行動的自由，是非常重要關乎人格自尊的事。在我到了臺灣之前，中國的絕大多數中國人似乎是沒有這般的自由的。但是，那樣的行動的自由，似乎只意味著在「橫」的地域上的跨越：殷商的貿易投資、知識分子的求學往來可以當之。在文化及政治層面「縱」的批判甚至反抗的自由則是絕對沒有的。所有文化型的反叛，是指實則產生於號稱人民手中的政府對反對者標為「異端」「不忠」而加以壓抑打殺。總之，對於「自由」的解讀，完全由代表國家的政黨及政府擔任。學生連不穿制服、要蓄什麼樣的髮型都沒有自由意志，也就不必奢談其他了。

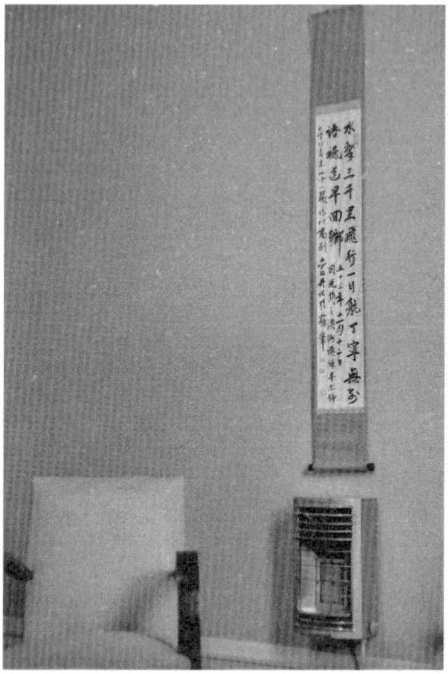

1964年，在澳洲維多利亞省墨爾本大學東方研究系室內。

前面的五言絕句，是我行前自臺北夜返臺中縣霧峰鄉，向住在公家宿舍「洞天山堂」中的父母辭行的當晚，父親在酒後即興而為我製吟的。飯後收拾餐桌，他濡墨搦管揮毫，寫成一條長幅給了我。詩後有「五十三年十一月十二日因兒將去澳洲講課，行前來山堂小聚書以為別」兩行小字為識。父親的贈詩，我於赴澳之前在臺北業已裱就，此後一直帶到美國。婚前婚後，都懸於家中壁上。詩前兩句《莊子》大鵬水擊千里的壯闊豪情，早已消失，但詩中的那個「鄉」字，數十年來始終未曾或忘，因為那也就是長久以來瀰漫我心的文化祖國。我當年赴澳轉美，在臺灣的中華民國都與澳美有正式外交關係。所以，我說「鄉」即「國」，確乎如此。儘管此後在政治上，臺灣似乎把「鄉」漸擴而大之，甚至割絕於「國」之外了。然則，在我的心中，鄉國卻不分，同是指的「文化的中國」。

世事大變，人事已非

今天再讀父親半世紀前的贈詩，世事早已大變。不但人非（父親已於二十餘年前過世），而物亦非了。尤其令我感慨的是，我早已歸化成了美國公民，棲遲域外而迄未歸鄉。陳之藩先生曾以「失根的蘭花」隱喻時下浪跡天涯的中國知識分子。我曾注意到，蘭花本非養植於土壤之中，而係附生於乾木片屑，無需大量水分，也無需燦爛陽光，在陰涼的一角自會綻出大方鮮靚的高氣質花朵。蘭花的氣根四散，能在空氣中吸取充足的養分，這與陳氏的狀喻極是允恰。我是喜歡養蘭種菊的人。特別是蘭，喜好其清芬孤放的雅爽及不以濃郁香氣示人的品質。

離臺赴澳

其實，當年赴澳，並非我的「出國」首選。我出國的第一對象是美國。但是我在臺北美國大使館辦理簽證手續的時候，卻遭到了批駁。我永遠不會忘記辦理我簽證手續的那位年輕的美國領事部門的職員。他在知悉我大哥已在美國普林斯頓大學留學尚未學成返臺時，抿嘴一笑，兩手一攤，對我絕情微笑地道：「對不起，我現在不能給你簽證。你哥哥什麼時候回來，我就什麼時候給你簽證。」我當時的感受，就是我在本書前面言說的，正因為我自認是一個有著詩情與俠骨的「徹頭徹尾的中國國家主義者」，「從幼年喪亂漂泊到青年大學畢業出國，都沒有在強勢文化的中國環境中體面的生活過」的感受。我要赴美留學想不到竟成了「人質」了。

當年要去美國，也並非全然留學，而係去在加州的史丹福大學 (Stanford University) 亞洲語文系擔任中文講師，兼攻高級學位。事情是這樣：我在臺大中文研究所攻讀的時候，美國加州史丹福大學在臺大校園內借館創設「史丹福大學在華語文研習所」。中文系推薦我前往擔任「中國古典小說」一課之講授。所謂「古典小說」，我選擇了《水滸傳》為教材。該所設立之次年（一九六二），史大亞洲語文系系主任韓安 (Patrick Hanan) 教授去臺視察該所設立後之一般情況。他是研究中國古典小說的倫敦大學畢業生，與我相談甚為歡洽，遂主動邀我去史大擔任教職。未期我在辦理赴美簽證遭遇挫折後，澳大利亞墨爾本大學 (University of Melbourne) 東方研究系給臺大中文系一封徵聘教員的公文，指明請系中推薦一位「北京人、操純正京腔華語、主攻中國古典小說、兼有教育外籍人士中國文化經驗、三十歲（或以下）的未婚至少具有學士學位的男子」前往該校任教。當時中文系系主任臺靜農教授於接獲此公函後，立刻把我傳喚了去，笑著說：「你就是他們提出的條件全部符合的不二人選了。去吧，到外面去闖闖總是好的。不必立意留在臺灣，這也是傳授中國文化啊。也許我們以後就稱呼你莊因大使了。」

就這樣，歪打正著、不期而遇。在塞翁失馬的尷尬下，一九六四年尾，我去設在淡水的英國領事館辦妥赴澳簽證，攜了兩套全新量身裁製的英國呢料西服及大衣，外加一把臺製吉他琴（澳洲墨爾本大學東方研究系祕書李捷嫚 Helen Richmond 囑託代購），從容而體面地，在無有親友送行的松山機場，臨風回首，向阿里山、向日月潭、向胡適墓園、向鄭成功英靈、向洞天山堂的雙親、向我的母校臺中二中及臺大……含笑揮別。當然，我也同時向文化的中國告別。含笑而去，是因為我懷著充沛的信心與希望，此去面對一個嶄新、有挑戰性、亮麗的世界。

東方之珠，神遊故國

我所搭乘的國泰航空公司班機，在一個小時餘的飛行後降落有「東方之珠」美稱的香港。

除了在機場見到極有限的少數碧眼兒之外，我真意想不到所見幾乎盡是與我同樣黑眼黑髮黃膚的中國人，在所聞都是「唐人」語音瀰漫的地方，竟然是踏在英國國旗飄揚下的「外國」土地上。於是，自幼少便積存滿滯於胸的中國國家主義感遂又油然而生，一把緊握前來接機的當年臺大中文系香港僑生伍晁林兄的手，請他立即帶我去市中的「中國百貨公司」一逛。十餘年前我是「假出國」自中國大陸到了臺灣，而今又「假歸國」回到真中國的土地上，強烈的故國情引爆了。晁林兄聽了我的央求，稍加思索後，展笑顏用夾帶濃重粵語口音的中文對我說：

「當然沒有問題，只要你不怕。」

「怕？怕什麼？」我大惑不解了。

「聽說臺灣政府在中國百貨公司所在的對街設有監控哨，有人會將你用相機攝入鏡頭。這以後對你就比較麻煩了。」

「太可笑了。我現在可是身在『外國』呀！」我說。

由於我的堅持，我們進入了中國百貨公司。

一霎時的感覺真是太奇妙了：各類商品都是來自中國的百分之百中國貨。這可把我抗戰前後熟悉的中國感於臺灣冷藏了十數年後彷彿自遙遠的地方又拉回來了。我想吃貴州安順的瓦兒糖和糍粑，還有刺藜；我想吃四川重慶的毛肚火鍋和沙利文的點心；我也想吃南京的鹹水板鴨和玄武湖的菱角；我想……啊！我又回到了中國！那是一種隱忍長久既苦又甜的幸福感受啊！

我不理會掛在牆上的毛澤東照片；我也不買放在玻璃櫃中用簡體字印的《毛氏語錄》小紅書；更不會迫不及待買一套藍布裁製的人民裝再配了戴在頭上的藍色人民帽。我怕什麼？我記得我買了兩本精印彩色的中國山水畫冊和一張中國地圖，及一串道地中國北京製的糖葫蘆。當糖葫蘆放入口中時，我這個「假北京人」溢出了「真北京人」興奮快慰的淚水。

離開中國百貨公司之後，我又買了一把極為精製的英國紳士用型的雨傘。傘把是精製的古木，傘布是極為細緻的高級黑色尼龍料子（此傘一直用到三年前方棄），再配上傘套，細細的一根雨傘，典雅高貴地握在我手中。我忽然想到臺大中文系教授臺靜農先生於召見我去辦理赴澳教職時說的「你以後就是莊因大使了」的戲言來。我當時蓄意買傘，自然並非為自認沐猴而冠的大使銜，我是著眼於此度隻身行走江湖的安全，至少一把傘是一個不錯的象徵吧。

數小時在「假中國」的過境停留後，再度搭乘英國海外航空公司（BOAC）的班機，逕飛澳大利亞，去展開我此生「真出國」的漂流歲月。

第七部分

南往

長湯短湯，其名欠莊；
思之莞爾，飲之斷腸。
我乃炎黃，浪跡他鄉；
長吁短嘆，虎落平陽。

水擊三千里——跨越赤道

從前習讀世界地理，知曉世界分為五大洲。澳大利亞是實實在在不與任何周邊土地接壤而孤立在大洋之中的一個巨島。一個島居然傲然成了雄立世界五大洲中之一洲，而且掉到了南半球去，一國獨霸一洲，配嗎？

世界的文明之邦，肯定都在北半球（不管歐洲、亞洲或是美洲），這是我學習世界地理即得到的印象。而南半球似乎多是弱勢民族，是蠻荒、貧困、落後、獅虎象豹群居的地方。難道我是現代的張騫、班超、蘇武，或是鄭和？我怎麼在飛機上忽然興起了這樣的問題？當然我不是現代的張騫、班超、蘇武或鄭和，我對自己加以否定。那麼，這或多或少是與在「白色恐怖」的政治環境下因而產生出國感的現實有關了。於是想起了中日戰爭後期身在四川巴縣一品場石油溝時跟父執程曼叔先生習唱的崑曲〈林沖夜奔〉來：

俺指望，封侯萬里班超。身比做叛國紅巾，做了背主黃巢。

恰便似，脫鉤蒼鷹，離籠狡兔，法網難逃。

一稍兒奔走忙逃，顧不得忠和孝。
良夜迢迢，良夜迢迢。投宿需將他的門戶敲。
一稍兒奔走荒郊，窮性命掙得一條。
到梁山，請得兵來，誓把那奸臣掃。
望家鄉，去路遙。想母親將誰靠。
俺這裏吉凶未可知，啊哈她，她那裏生死應難料。
又只見烏鴉陣陣集樹梢，數聲蟬叫斷漁樵。
忙投村店半寂寥，像塵微夢渺。像塵微夢渺。
嘆英雄氣怎消。嘆英雄氣怎消。

然則，我畢竟不是生在宋代的林沖。林沖是犯了國法，因畏罪而夜投梁山水滸，落草為寇的。但我不是。我是生在二十世紀的中國人。縱使對於政黨的措施及法令不能完全認同，可我絕不是像雷震、殷海光、彭明敏、施明德，甚至聶華苓、李敖那樣的對抗行動者。如果是，我肯定早被迫害，或被通緝繫獄，是不可能通過警備總部的關卡，取得外交部核發的護照，拿到在淡水的英國領事館的赴澳簽證，而離開國門松山機場了。更何況我的出國也不是要投奔梁山落草為寇。

我在機上一再思忖自己是否有與林沖相似之處的問題，最後得到的答案是全然否定的。我想自己至多是有一點像蔡元培、胡適、像傅斯年、像林語堂……他們出國時的情懷而已。最多最多，是我對於自幼長期以來的詩情與俠骨情懷，未能在生存環境中得到體面生活平衡的實感，因而產生了一定程度的失望哀怨罷了。我業已在前面訴說，我是「懷著充沛的信心與希望，此去面對一個嶄新、有挑戰性、亮麗的世界」而去國成行的。假如有機會在扮演林沖夜奔和扮演當年臺大中文系教授臺靜農先生對我戲言的「莊因（文化）大使」二者之中擇其一的話，我會義無反顧地選擇後者。那應是我的「男兒志」吧。

當我人在赴澳的飛機上如此尋思時，確曾不禁抬望眼，仰視了一下機座上方放置簡易行李的駕艙，欲將那一把隨身攜帶的吉他取出，若能似當今的名藝人羅大佑或伍佰一樣，高歌彈奏一曲——曲名〈北來南往、四海為家〉——那就太爽太快了。

抵澳初探

抵達澳洲維多利亞省的此行終點首府墨爾本，已經時序夏天，但不熱。一些也沒有臺北的夏天一身黏膩、彷彿人像瓦斯爆炸時的感受。金承藝先生（北京大學歷史系畢業，曾任臺北中央研究院史語所研究員及師大附中教員）代表系方迎於機場，遂馳車逕赴墨爾本大學東方研究系 (Oriental Studies) 報到。

東方系乃新設，不在校園內，設於校園近旁的皇家大道 (Royal Parade) 上一幢改裝的二層民宅裏。系主任西門華教授 (Prof. Harry Simon)，英國倫敦大學畢業，華語流暢，舉止言談紳士風度十足。他對我說，二樓有空房一間，倘不介意，就請在此長住，兼也可守望系中安全。恭敬不如從命，免了我初至覓房之困，於是就敬謝從命。系中同事尚有藍克實先生 (Mr. Lankshire)、居浩然先生及米爾斯女士 (Miss Mills)、歐文先生 (Mr. Owen) 等。我的教學工作是與金承藝先生聯合領導語文教學，沒有固定課本，僅配合金先生手編教材施教。東方系學生不多，約十餘人，大半主攻中文，從事日文研習者少之又少。原期以為由我專授中國古典小說的指望落空了，難免稍感失望。

投宿系中，樓下雖有廚房，即使自己對於炊事也很熱衷，但感購辦鍋盤碗筷再加日用所需及菜蔬的過程十分繁瑣，且我此行所居完全免費，豈可隨意自炊？遂決定一日三餐在校園食堂解決。當年在臺北讀大學時即有開洋葷的興趣，此番當可大啖一快，不亦樂乎！

抵系報到的當晚，赴西門教授宅為我而設的洗塵宴。原以為可以品嚐西門夫人的烹調手藝，結果大失所望。該日主食是羊肉。但未期製法是典型的英式，白水燉煮略加佐料。整盤羊腿一隻上桌後，由主人分割成片饗客。強烈的腥羶味由蒸發出的熱氣直衝鼻下。我將盤中切下的一小塊送入口中，其味實在難當，趕緊大口吞食麵包及菜蔬，又大口喝酒送嚥。然已覺雙眼微微含淚，沒有勇氣再嚐第二口了。於是向主人致歉佯稱長途旅行腸胃不適，故而淺嚐即止。次日我至校園內食堂進自助餐時，對羊肉一味敬而遠之，怕了。

大概是英式傳統，大多學生入食堂進餐（晚餐）時，都披上黑色長袍以示莊嚴。我沒有袍，故於進餐時總是尋找無袍空座。不吃羊肉是免得被強烈的羊羶味刺激失態，還要加上心理壓力。吃是樂事，奈何自苦若是！

飲食之道，學問大矣！

英國菜在歐洲菜譜中大約是未被譽為上乘的。若與法國或義大利甚至俄國菜餚相較，至少私意以為只能聊備一格。因此，我當時在一連隱忍了三天之後，決定搭乘電車到城中心的唐人街（Little Burke Street）去做「食補」。唐人街的中餐館得四、五家，皆僅供粵菜。以前在大陸及臺灣，從未食過正宗粵菜，只知其與川湘、淮揚、福建及北地菜式都不相同，另成一格。此度我要吃中國菜，非粵菜而不得，本以為正是大好良機，殊知這些廣式料理地方，廚藝稍嫌粗糙，尤其刀切功不甚講究，姑無論青菜豆腐、雞鴨肉類，皆以大塊厚實之狀呈現。三塊入口，便已覺腸胃半飽了。我想吃香干肉絲，他們沒有，稱說廣東人不吃豆腐乾；我想吃豆瓣魚，他們也沒有。他們是有活魚供客，但製法一律清蒸。這些都可諒解，人在異鄉，有大米青菜豆腐可享，應該是大幸了。但那些粵菜館的菜單上無有中文，只有英文。這當然也可諒解，因非在中土。細讀菜單，在湯類中發現有 Long soup 及 Short soup 二款，殊令人不解。我一時興起，也未詢問店家，竟然「長湯」「短湯」各點了一份以觀原細。結果，侍者端來陽春麵（加灑蔥花）及餛飩各一大碗。

長短也者，此之謂也。我立時得四字打油詩一首，詩曰：

長湯短湯，其名欠莊；
思之莞爾，飲之斷腸。
我乃炎黃，浪跡他鄉；
長吁短嘆，虎落平陽。

此長湯短湯，我於次年來美，初飯於舊金山大埠粵菜館並未見。該地粵菜館都是中英雙語菜單，我乃拍案驚奇，一時茅塞頓開：蓋墨爾本之中華餐館實可稱匠心獨具。巧立名目，以別新舊（「墨爾本」是Melbourne的音譯。早期旅澳華僑稱之為「新金山」，因亦於該地發現金礦，故得名以示與美國之舊金山〔San Francisco〕有別）。但是，他們這樣的標新立異，似乎忘了稱自己為「唐人」的那個「唐」字，彷彿又小覷了自己，竟把新思維又套回舊框框裏去了。

氣候宜人，地廣人稀

墨爾本市不算大城，但整齊清潔有容，是澳洲的第二大城。第一大城是雪梨(Sidney)。其實，澳洲幅員廣大但人口稀少，所謂第一大城，放在世界大城市中排名，恐怕也只能排到四五十之間去了。澳洲人當時有一句自詡的順口溜說：“Sidney is the only city in Australia, and Melbourne is half of a city in Australia.”可見仍有自知之明。

澳洲氣候不錯。一般來說，尤其是東南角的維多利亞省，距離南極不遠，氣候溫爽。墨爾本市更是得天獨厚，該地的氣候是所謂的「標準地中海型」，十分宜人。美國舊金山的氣候也是「標準地中海型」，我先後在此二地居住長達數十年，也算是福人一個吧。

澳洲地大無庸置疑。但如說物博則不盡然。不過，人口稀少，偏處南半球，四周環海，空氣清新，人民生活富裕，謂之「世外桃源」卻也非子虛。可能也正因如此，先祖是英國流放的囚犯的澳洲佬，在把原有土著驅趕至大島的中央以後，便在沿海建立起少數白人的城市來，態度也傲岸了。尤其是第二次世界大戰之後，來自亞洲各地「有色」的新移民逐年增加，澳洲人感到有富人被窮人包圍的驚恐。於是政府豎起了「白澳」(The

White Policy) 大旗，加以防範。最近有朋友自澳洲來，與之談起我當年的印象，據稱在政治上已大有改善。可見「世界原本就是一家」的這句話，業已深植人心，有難同當，有福同享，不容悍拒了。

種族歧視，白人至上

但是，當年我人在澳洲時，純白澳洲佬（白人）彷彿手牽手，共持一個巨大的「白澳」盾牌，躲藏在後面，高喊：「這是白人的澳洲！」這可是千真萬確。我可以舉幾個實例來說明並非危言聳聽。

實例一

某日，我到墨爾本市區的一家專賣比薩餅 (pizza) 的店家去買一牙比薩。我挑了自己喜歡的餅面配料，那位歪戴著廚師高頂白帽的夥計冷言問我：

「你要冷比薩還是熱比薩？」

我告訴對方，我吃過比薩多次了，從未吃過冷比薩，也未見過有人買冷比薩吃。我要的當然是熱比薩。

對方無語，要我寬給數分鐘，於是逕自推門走進後屋。

我足足等了十五分鐘，未見對方再出來。於是我敲擊櫃檯，另一位青年聞聲而出。我告訴他剛才購買比薩一事，他凝視著壁上懸著的電視螢幕，對我說：

「剛才接待你的人叫亨利，你等他好了。」

我說我已等候了一刻鐘。他說：

「要吃熱比薩，就要等。」

「可是我已經等了差不多二十分鐘了。」

「對不起，請繼續等。」

「你能不能進去瞧瞧是怎麼回事？」

「我告訴你了，是亨利接待你的。你等罷。」

「這是怎麼回事？難道你們不都是這家比薩店做生意的人嗎？你們就是這樣對待顧客？」我的聲量提高，明顯不悅了。

對方沒再言語，轉頭推門走進內間去了。

我又等了大約十分鐘，沒有人再出現。於是我再度重重敲擊櫃檯，但亨利也仍然沒出來。我原想用語言訓斥對方，但是他們卻技巧地避過了。我也只好悻悻離去。

我不相信亨利和他的年輕幫手會用對我的這種粗糙言行去對待任何一位白人顧客。

實例二

秋天的一個週末下午。我的朋友 Joseph（范成棟，香港僑生，原籍江蘇，在墨爾本大學攻讀醫學）邀我同往市中購買日用食品，然後去他家包餃子歡度週末。Joseph 開的一輛二手貨老河豚（澳洲自製汽車品牌 Holden 的音譯），在返家時週末交通繁亂，汽車不巧突然拋錨在市區街道上了。我們車後緊跟著一輛敞篷吉普車，開車的人和他左側（澳洲汽車的設計與其母國英國一樣，駕駛座都在前方右邊）的朋友是兩名戴了墨鏡嚼著香口膠的熱血澳洲青少。他們開始按喇叭，也高嚷叫

1964 年，在澳洲墨爾本大學任教時認識了范成棟。37 年後的 2001 年時，他夫婦倆（左一、二）來美旅遊，攝於史大校園。

我們滾蛋(Get out of the way)。Joseph 依舊繼續發動汽車，我則下車向後面車中青少致歉，同時請求他們能否輕輕頂撞 Joseph 的老河豚後方（這樣往往有好似以手輕拍一個突然呼吸困難的老人後背，使其精神一振，呼吸恢復流暢一般的效果）。吉普車上的駕駛人笑稱：「好說，沒問題。」(No problem. You have my words.) 殊知他並非緩緩開車向前，而係故意加油使力頂撞，砰然一聲，老河豚的尾巴（保險槓）應聲折裂，斷成兩片。Joseph 也因汽車後部突然受撞，面部撞在駕駛盤上，連眼鏡也撞裂了。

「對不起！對不起！是你們要求我這樣做的 (You asked for it)！」

吉普車超越了我們，駕駛人揮手大聲喧笑馳去。

實例三

墨爾本市區內有一家專售東方（尤以中、日為主）書報雜誌文具的小書店。店中一個書架上擺放了若干中國出口的唱片。那時正值中國文革前夕，革命意識高張，故而唱片中除了極少數為民族器樂演奏具中國風味外，幾乎是一片紅色的革命性旋律的作品。其中擺放在顯著位置的一張，是紅色的封面印了「東方紅」三個大字的唱片。當我正在該處瀏覽時，有一位中年的澳洲佬從我身邊擠過，拿起那張封面印了 East is Red 三個英文字的唱片，又狠狠地摔了回去，怒聲自語：

"East is Red? Damn it! East is White!"

這是我在海外書店遇到過的唯一一次白人公然表態「白人至上」的實例。

實例四

當年（一九六四）我以澳洲大學約聘的教員身分入境，簽證有效期是一年。從我入境的那天算起，每屆滿一月，我就會接到移民局的電話提示通知：「閣下在澳洲合法居留的時間只有×個月了。」這絕對是不折不扣的精神壓迫。此生從未作奸犯科，堂堂一介書生，怎會受到如此「禮遇」？即使在美國（甚或其他國家），一個合法入境的外籍公民，移民局也不會以這樣的方式對待吧！

就在我接到在澳最後一次政府電話告戒我的合法居留已經到期的前夕，系中為我舉辦了我離澳赴美的惜別晚會。會中，有一位學生問我：「澳洲不是很好嗎？生活好，環境好。美國人有的生活，我們甚至過無不及（我知其意指物質生活），您為什麼立意要去美國呢？」

我呷了一口酒，笑稱「換換環境，多長見識」以為答。其實我想說的是：「是的，牛奶、麵包、汽車、電器實用設備你們的確不缺。但是，你們的人文環境在哪裏？你們有高超的新科技嗎？你們有福克納、海明威、斯坦貝克那樣的文學人物嗎？你們有好萊塢嗎？你們有紐約百老匯的歌舞劇嗎？你們有知名華裔如貝聿銘、張愛玲、楊振寧、張大千……那樣的美國人嗎？」

自大、自負卻慵懶無知的澳洲人

我當年所見的澳洲人，恕我直言，其給予我的基本印象是：有白人的自大，物質層面的自負；但慵懶，無知。我說一般普羅的澳洲佬慵懶無知，並不為過。茲舉數例為證：

實例一

澳洲雖稱地大，但全國土地平平，無山無水。當時報紙上有人大肆作廣告推介在中澳新建的「雙湖公園」即將揭幕。我於公園正式對外開放的一星期後與朋友前往一遊，所謂「雙湖」，不過是兩個足球場大小的一池涸水，而且湖水並不澄清，岸邊也無綠草花樹。但澳洲佬老少男女紛紛躍身在湖中作樂者頗不乏人。是此，中國的西湖，臺灣的日月潭，如果搬到澳洲，豈不成了「聖地」景點，身價百倍嗎？

實例二

不是過分誇張，在墨爾本，除了看場電影，吃吃館子，逛逛大街外，幾乎無處可去了。若想開車到郊區跑跑，可是連新店、陽明山那樣近距離的景點也沒有。臺北人也許還可以吃為樂，但澳洲佬對餐食的情調及藝術興趣缺缺。說得正經一點，他們的餐食，也實在不會令你樂此不疲。倒是啤酒店每天在五點下班後，生意興隆。此時上班族在返家之前大批湧到。酒館內人聲喧雜，瓶杯交錯，酒氣迷漫，連店外街邊都是手執大杯啤酒的客人。於是，有趣的現象發生了：不是自己開車的上班族的太太們，這時開車前來，停在路邊。或按喇叭，或吹口哨，或揮手招喚「亨利」、「詹姆士」、「約翰」、「羅拔特」……但見被召喚的人仰脖大口飲盡杯中餘瀝，彷彿被拘捕的人犯，搖搖晃晃乖乖登車隨妻而去。

實例三

我在澳洲的時候（一九六四至六五），沒有如美國足球比賽、籃球比賽、棒球比賽等一般人民參與的體育娛樂。有的只是賽馬和賽狗 (Greyhound Racing)。這兩種動物競賽，可說是澳洲的國賭，都場場人滿。前者尚有高雅仕女盛裝出席，後者則只有市井小民。

賽馬賽狗被譽為盛事，我想，大約也與人吃飽牛羊肉，喝足牛奶後，無處可去消耗體力而與畜牲為伍有關。

實例四

位於校園外的墨爾本大學東方研究系，從馬路皇家大道至系址大門的細沙通道因為殘舊了，系內決議改換成水泥通道。施工工人各自駕車於早上九時許緩緩前來。大家先互相寒暄十數分鐘，抽菸，系中女傭瑪格麗特女士適時端茶外出相迎，又互為寒暄。這樣，大約半小時以上的時間過去了。飲茶畢，工人開始自車中取下工作服換上，再取出工具，於是慢吞吞、從容有度，一面言談著開始工作。時近午飯時間，瑪格麗特女士再度出現，招呼工人午餐後可去系中取用茶水。工人馳車午餐而去。午後一時許工人返回，各自在車中午睡休息。二時許午休畢。重拾工具。抽菸。談笑。慢吞吞繼續工作。四時左右，瑪格麗特女士三度外出，聲稱「下午茶」已預備好 (Afternoon tea time)，於是工人們歇下工具入系內飲茶。大約一小時飲茶畢，外出自車上取出衣褲換下工作服。抽菸。談笑。然後各自開車離去。

這就是在系中二樓我的臥室中窗後所見一日施工情形。所以，短短不過三十英尺長四英尺寬的一條水泥通道，足足花了三天的時間才完工。

這就是我一九六五年全年在澳洲的所見、所思、所感。

離澳赴美

就在我要決定在澳去留的尷尬時期，美國加州史丹福大學亞洲語文系的韓安教授適時隔海向我招手，再度表示歡迎前往該校執教的誠意。我遂決定離澳赴美。

我到美國駐澳洲墨爾本總領館去辦理赴美簽證手續的那天，事先向領事先生表露了我年前在臺辦理赴美簽證曾遭遇挫折的經過。他笑笑說：

「我們知道這件事。您現在人不是在臺灣，是已在澳大利亞了。歡迎您去美國。」

就這樣，地球南北折騰了一番，我又乘機前往當初出國首選的美國去了。

第八部分

北來——初抵美國

來自臺灣的留學生，
受到臺灣整個政治氣氛及教育環境的影響，
都不免有一種無形的自囿於「臺灣」而「去中國」的情結。
他們似乎對於「中國」不能作公允客觀的文化探討……
我覺得「中國」彷彿是戴在他們頭上的一個政治緊箍，
隨時對他們產生魔障似的陣痛。

新唐人在舊金山

我自澳赴美是搭乘澳洲以袋鼠為標誌的 Qantas 航空公司的班機。一似我自臺赴澳，在機場無有親友送行。獨自一人，真的有「孤蓬萬里征」的意味。

登機後，瞑目靜思。首先想起的是父親為我離臺去澳書贈的詩句：

水擊三千里，飛行一日航；
丁寧無別語，祗道早回鄉。

從北半球跨越赤道至南半球，父親說是「三千里」，如今自澳赴美，再度跨越赤道，這段航程再加上那三千里，大約可以說是「八千里路雲和月」了。岳飛當年這樣描寫他的軍旅漂流歲月，「八千里路雲和月」實係對比「三十功名塵與土」一句而成，多少是有些誇大不實的。而我離澳時三十方過，在當時多少國人認為赴澳大利亞任教的我，真的是「三十功名」，不過我卻棄之如敝屣，一年時光也就彷彿是「塵與土」了。想來是頗為令人感到揶諷的。重要的是下面岳飛句中的「八千里路雲和月」那一句，因為不但岳詞所說的

「八千里」是誇大的八千華里，我的「八千里」則是遠較八千華里更遠的八千英里；且竟遠出國門。父親原來期盼我「祗道早回鄉」的，事實卻是「漸行漸遠漸無窮」，離「鄉」越來越遠了。那一刻的感受，真的似崑曲〈林沖夜奔〉中林沖的道白：

欲送登高千里目，愁雲低鎖衡陽路；
魚書不至雁無憑，幾番幻作悲秋賦。
回首西山月又斜，天涯孤客真難渡；
丈夫有淚不輕彈，只因未到傷心處。

〈夜奔〉中的林沖月夜捨命逃亡，在穿過山林小道，回首望鄉唱出的那一段〈雁兒落〉激昂悲涼的歌聲似乎在耳畔響起：

望家鄉，去路遙。想母親將誰靠。
俺這裏吉凶未可知，啊哈她，她那裏生死應難料。
又只見烏鴉陣陣集樹梢，數聲蟬叫斷漁樵……

雖非林沖，我也沒有他那樣的夜奔背景和身世，但在當時反共抑內的國民黨威權時代，我的去國難免也罩著林沖夜奔的依稀影子。「望家鄉，去路遙」則是與林沖毫無二致的，而我的漂流——從中國大陸而臺灣、而澳洲、而美國，「離鄉」是林我無異，然則「去國」，似乎我又較之林沖更其悲壯，更勝一籌了。

正式踏上美國大陸的關門是舊金山。當年在臺大校園內「史丹福大學在華語言研習所」留學的史大研究生韓德玲（Joanna Handlin）前往接機，遂乘車逕赴韓女士為我租賃的在校園近處的住所。從該處往校園亞洲語文系系館騎單車大約十五分鐘，所以，到住所卸下行囊後，即隨韓女士去校中購得單車一輛。這是我抵美首度購物，碰巧單車為英製，遂令我不禁想起自己在臺中二中豔羨同學騎蹬嶄新英式單車的往事來。我自高中畢業去臺北就讀大學以後，就離開了每日騎單車代步的生活了。而今再度跨上鐵馬，雖人在域外，且也僅止自校園回歸寓所不足十五分鐘的短短路程，卻也不禁想起了戰時在貴州安順童少時期騎竹馬幻想著環走天下窮困但富豪情的歲月來。「八千里路雲和月」，人生真的似幻化啊！

史丹福大學二三事

史大亞洲語文系 (Department of Asian Languages) 設在校園近教堂的西班牙教會式以石磚為建材狀四合院的長廊一隅的二五〇號館。與亞洲語文系共用該館的是古典文學系 (Department of Classics)。當年亞語系只有中、日兩種語文（今增加韓文），以中文為主，日文為輔。中文組有韓安 (Patrick Hanan)、丁愛博 (Albert Dien)、尼文遜 (David Nivison) 及陳受榮諸教授，加上我自己及早我兩年到系任教的原臺北史丹福大學在華語言研習所擔任教務主任的高恭億先生，共得六人。韓氏主授中國古典小說，丁氏專治古（尤重魏晉南北朝）代中國史，尼氏擔任中國哲學課程，陳氏為亞語系創系之人（原籍廣東，旅美已數十年），開設有關研究中國現代社會科系文史方面的「注釋中文」(Expository Chinese)。高氏除在系中主持中文教學一般行政事務並擔任「初級漢語」之講授外，同時在史大語言學系 (Department of Linguistics) 進修，攻讀博士學位。我則配合高氏擔任中級漢語之講授兼及初級漢語。總而言之，系中除了韓氏中國古典小說一課，沒有現代中國文學之開設。

我初至時，韓安教授有意安排我除授語文課外可在他的指導下攻讀高級學位，並由系內提供全數學費（史大為私立大學，學費為數不貲）。我在他這般慷慨的鼓勵之下，試了一年，終不免有「彆扭」之感。彆扭的原因是，我的情況就跟一位英（美）籍學生到中國的一所大學的英語系，與在該系任教的中國籍教授指導之下攻讀英國文學高級學位一樣，多少有些怪異（甚或不妥）的感覺，於是就主動半途而廢了。

次年，韓安教授以他行政上的特權（當時韓氏任系主任，該時系主任的職稱不是Chairman〔Chairperson〕，而是Executive Head〔最高行政官〕），約聘劉若愚先生（原北平輔仁大學英語系畢業，遊學英國，在英倫時與韓氏結識。劉氏英文造詣極佳，且國學知識豐富，有才識）來校主授「中國詩學」。劉氏沒有任何在美國大學擔任教席一般勢需具有的「博士」學位，而憑其以英文寫作出版譽滿歐美的《中國詩學》(*The Art of Chinese Poetry*）一書，破格出任「教授」，也可算是學界當時的一段佳話了。

我到校後的第三年，韓氏辭去史大亞洲語文系教授一職，轉赴哈佛大學任教。再次年，系中約聘王靖宇先生（臺大外文系畢業，美國康乃爾大學中國文學博士）及賴維廉先生（William Lyel，曾留學臺灣，美國芝加哥大學中國文學博士）擔任「中國古典文學」

（戲劇、小說、散文）及「中國現代文學」等課之講授。同年，高恭億先生取得史大語言學博士學位，即為亞洲語文系羅致，聘為教授，擔任「中國語言音韻」一課之講授。該時系內可謂中國文史哲三方面課程幾稱完備，故申請來系攻讀博士學位的學生非常踴躍。在丁、尼二氏退休，劉、賴二氏病故之前，可說是史丹福大學亞洲語文系中文組的鼎盛期。

重量不重質的臺灣大學教育

在上世紀的六十年代，全美各大學設有中文研究科系的，為數不過十餘院校。而擔任中文課程的華籍教員，絕大多數來自臺灣。但是，這樣的優勢延至七十年代，已逐漸為來自中國大陸的教員取代了。此一情勢的形成，有兩個因由：其一，中國大陸自文革結束開放大學畢業生留學後，留學生不但在量上逐年增加，超越了來自臺灣的大學畢業生，而大陸留學生研習的領域也真是到了無所不在的地步。且中國留學生一般都是學校的「尖子」，質優識深，都有過人的毅力及苦讀的心理準備。反觀來自臺灣的留學生，由於臺灣經濟方面的快速成長，留學生的家庭經濟能力的提升、留學生的普遍價值觀及興趣早不似六十年代甚至更早的五十年代自臺赴美的學生那樣刻苦以求了。一般而言，臺灣留學生的英語程度也較之中國留學生略為遜色。臺灣留學生攻習的科系也多集中在理、工方面，攻讀社會科學學位的學生非常鮮少。而習人文科學者更可說都是「異數」。就拿史大亞洲語文系而言，專司華語語言教學的師資，自七十年代起來自臺灣的老師，逐一為中國大陸來的教員取而代之，教授級的老師亦不例外。

其二，來自中國大陸攻讀人文科學的學生在美國大學卻大有人在，資質優，英語強，能吃苦耐勞，不似臺灣來的留學生不堪競爭。這種情況到了上世紀的八十年代甚至九十年代，臺灣來的在「中文」此一領域的留學生幾已絕跡。我曾問詢過本校其他院系原來自臺灣留美學成的教員們，他們也都稱說中國大陸來的留學生質量優於臺灣來的留學生。我所認識的由臺赴美深造之後在美國大學執教的一批臺大校友，他們都有在臺、美及中國大陸授徒的經驗，都異口同聲承認臺灣留學生的程度相對落後。這其中的一個重要原因是臺灣的大學教育重量不重質的大失敗。在七十年代於史大亞洲語文系攻讀中文及比較文學博士學位的華籍學生中，四位來自臺灣——姚樹華、張頌聖、廖咸浩（現任臺大外文系教授、曾任臺北市文化局局長）及杜國清，他們都是臺大校友，除姚樹華出身中文系外，餘皆係臺大外文系畢業。姚、張、杜三位時下都在美國大學任教。這蔚為一時的「壯觀」景象，可惜曇花一現，後繼無人，此後在系中攻讀博士學位的華籍學生（姑無論是研習文學或語言學），都清一色是來自臺海彼岸中國大陸的學生了。

我自己對中國大陸來美的留學生的態度，不似某些在美國留學學成以後，留在此間大學任教的朋友，因為自己是來自臺灣，故而對大陸來的留學生，或多或少保持一種微妙的有一定距離的感覺。我完全無視於這些學生身上所背負著的「中國」政治背景，只要是黑髮黃膚口操中文的中國人，就與來自臺灣的留學生一視同仁，有教無類。

一般而言，自上世紀的八十年代開始，來自臺灣的留學生，受到臺灣整個政治氣氛及教育環境的影響，都不免有一種無形的自囿於「臺灣」而「去中國」的情結。他們似乎對於「中國」不能作公允客觀的文化探討。對於他們來說，我覺得「中國」彷彿是戴在他們頭上的一個政治緊箍，隨時對他們產生魔障似的陣痛。這真的是十分不幸的事。

「莊老虎」發威啦！

在反越戰的全國風潮於六十年代狂飆的後半期，終於吹入了學校。一向開放、浪漫，在舊金山海灣北岸的加州大學柏克萊校園自不必說，立時又增加了另一分鮮豔的自由色彩。即使在海灣南端的史丹福大學，一向被視為展現貴族及保守氣氛的校園，也多少蒙上了一層身不由己好似感染了傷風的徵兆。集體示威、遊行、演說、出海報散傳單、罷課、呼口號……等積極慷慨激昂的行為，雖說尚未公然出現，但是，在一些小事例上，不一定能說是放浪形骸，卻讓人見到了因反戰而轉向傳統及霸權威信挑釁的情勢。比方說，許多學生在禮儀行為方面的一些反常態的改變，彰顯了他們認為的「反抗」：男學生不刮鬍子者有之；蓄髯者有之；不理髮不洗頭不洗澡者有之；衣衫歷久不換洗者有之；衣衫洗了不熨燙，縐縐穿上身者有之；好好的一條長褲硬生生自大腿部分撕扯掉下面的褲腿當短褲穿，任由布料纖維懸掛腿邊隨風飄搖者有之；在完整的毛衣或上裝袖子的附部故意打上兩塊補釘者有之；抽菸者暴增，邊走邊吃邊喝者普而遍之；不刷牙者有之；說話時令對方因其口臭知難而退者有之；脫了鞋（拎在手上或掛搭在肩上）跣足而行者有之；帶寵物（貓狗）上課而任其四散遊走追逐打鬧嚎叫者有之；上課時人獸（寵物）同堂而獸聲大於人聲者有之……。

在我上課的班上，更發生了以下的趣事：

實例一

有不穿鞋的學生，公然放浪形骸，將一雙又髒又黑的臭腳搭放在前排座椅的後背上。我面對一雙雙囂張的臭腳忍無可忍，於是聲請同學們潔身自愛，把腳自椅背上撤回地上。這時，有人這樣地發言了：「老師，我覺得把腳搭放在前排座椅的後背上才舒服。」我於是自我研究室取來兩本厚厚的書冊走向該發言的學生，微笑著對他說：「如果你覺得把腳擺放在高處才舒服，那就請你先把腳撤下，讓我把這兩本書置放在椅背上，然後你再把尊腳搭放在書上。這樣就會使你的腳擺放在更高處，你也一定會覺得更舒服了。」語畢，不但那位大言不慚的學生施施然把一雙臭腳自前座的椅背上撤下，有如骨牌效應一般，其他學生也都相繼抽回了腳。經過這樣的處理，上課才能在正常的氣氛下進行。

實例二

帶寵犬上課的學生逐日增多。因為寵犬難耐五十分鐘的上課時間，於是上課後在教室搔癢者有之；打呵欠者有之；嗚嗚哼唧發聲不甘寂寞者有之；起而立之巡走徘徊者有之；抓撬室門欲外出大小便者有之……。我於是對狗主申明：「你們有自由將寵物帶來學校，也有權利視為貼身保鏢；但我也有不准你們的寵物上課的自由，也有將你們的寵物驅逐出境的權利。我尊重你們的自由和權利也請你們尊重我的權利，請立即帶領你們的寵物離境，我不歡迎寵物來我班上上課。」於是授課才得在安靜的氣氛中進行下去。

實例三

期中考試到了。我向學生宣布考試的時間。有人舉手說：「我們不贊成考試。我們也不會來參加考試。」我乃正色道：「我尊重你們不贊成考試的意見。我也尊重你們不來參加考試的自由。但是，考試如期舉行。凡缺考者一律零分。」

未期到了考試的那一天，竟無一人缺考。連學生的寵物都沒有一隻出現在教室裏。老師贏了。

我不知道本校其他院系的教室中是否發生過類似在我上課時發生了的這些小插曲。總而言之，學生反權威向學校高聲喊話以訴情衷的結果，據我所知，只有一事得到校方的正式回應。這也可說是學生表態對於當局措施反對而獲得的一項「勝利」。那就是：今後校方對於學生問題作成決議時，學生方面得以推選代表參與會議。

在學運尚未成型，星星之火尚未燎原的時候，我在課餘與學生談話時，曾對他們這樣表示：你們反對政府出兵越南從事戰爭的本意我知道且也可以了解，你們對於中國共產黨發動「人民」的力量的羡慕之情以及你們對於中國發動文化大革命的支持我也可以體認。但是美國是美國，中國是中國，在美國這樣的民主自由體制下的國家，要像中國由一黨一人發動革命的可能是沒有的，也不容許的。你們如果真的嚮往中國的革命，有兩條路可以走：第一，人留美國，但在精神上支持中國人。也可以在物質上支援他們，比方說，捐款或實物；第二，離開美國本土，投身中國。在真正發生文化大革命的地方參與中國人民的革命運動，住公社、吃大鍋飯、上山下鄉、搞公審、鬥爭權威。如果這兩條路都不是你們的選擇，那就請你們認識清楚自己。你們是生活在美國的美國人，行為就必須依照你們美國的政治制度、文化習俗、宗教觀念來打理。那麼，就請你們穿上鞋一如既往去好好上課，不要再把一雙骯髒的臭腳搭放在教室中的前排椅背上。不要不刷牙也不洗澡。也不要蓄意留長髮，不刮鬍子。這些都不是為你們美國的一般社會文化習俗所認可的。

學生在聽了我簡單的告誡申說之後，有調皮的人立刻給了我一個綽號：Tiger Chuang。

品清才茂的老友鄭清茂教授

前面所述是上世紀六十年代後半期我在舊金山海灣南灣史丹福大學的真實所見。那麼，在海灣北岸的加州大學柏克萊校區的情形又當如何？

在那段時期，我幾乎每個週末都會開車去柏克萊。我去柏克萊不是去採訪該地的熱鬧情況（當然更不可能去參與串聯），而是去在加州大學柏克萊校區東方語文系任教，我的臺大中文系學長鄭清茂的家，去談說、去吃飯、去接受清茂秋鴻夫婦熱情親切的關慰來解除我棲遲域外婚前（我的太太夏祖美就是在鄭府邂逅交往而成親的）的孤寂。

當年我成了鄭府的週末不速之客。久而久之，清茂秋鴻兄嫂對我每週不羈行止的騷擾，喜憂參半，卻也感到無奈。遂贈我鄭府家門鑰匙一把，著我來去自由。殊知他們的美意更助長了我的有恃無恐，有時在週日也竟會不請自至了。

清茂師兄與我同庚，月份上早我半年，肖雞。他在臺大先我一年入學，故我呼他為

「師兄」確非客套。當年臺大中文系有三位鄭姓成績優異的臺籍青年才俊，清茂便是「大鄭」。他聰慧足學，為人清正，樸實純篤。在臺大中文研究所研讀期間，其人品學識涵養早獲得師生一致公認。由於他的日語精湛，常為師長解決許多需要借助日語長才的學術事件。當年他在臺大中文研究所習讀時，便在實踐家專兼授國文課，極得學生喜愛，特別得到班上才女馮秋鴻的青睞。木訥博學多才的師兄終成為秋鴻大嫂的愛情俘虜，結成秦晉之好（大嫂肖兔，他們真成了「雞兔同籠」了）。

當年婚前在鄭府，由於秋鴻大嫂不喜烹飪，故多由我代她去市場採購，返家展露我的「三把刀」手藝。清茂師兄當時正在趕寫博士論文，傍晚自其研究室返家，燙一壺日本清酒，吃一頓熱飯。飯後，有時我濡墨搦管塗鴉，一時興起連書數紙而不能止，但多時三人清茶一壺，桌前燈下聽清茂師兄道說日本文化鱗爪及學界軼事。談者興高，聽者神往，常常欲罷不能，他便索性不再折返校區去其研究室「理索之」(research)了，而我也就夜宿鄭府書房，不驅車夜返南灣了。

前面已經提過，清茂師兄的日文造詣極深。他的日語精湛，是說、讀、寫三方面俱佳，而且文學性極高，連日本文學界著名的中國文學大師吉川幸次郎教授，日本名作家江藤淳及日本學界對清茂師兄的中、日文造詣之深廣咸表敬佩。清茂師兄是很謙和儒雅的一介讀書人，出身嘉義農家，卻毫無村俗之感。可謂氣清神閒，沒有一點倨傲不群和一般日本文化慣有的「小家子氣」。跟他接觸，真是如沐春風。鄭府顯示日本文化的物什有兩種：他習用的日文書籍，和一些他們夫婦閒時偶然喜聽的日本歌曲唱片。有一張由當年日本紅歌星青江三奈女士獨唱歌曲唱片中其一名為〈恍惚的藍色的憂鬱〉的曲子，最為我們喜聆。原因之一是青江女士微微沙啞卻濃郁多情的音色十分與眾不同；之二是青江女士的歌曲多表達日本中年女人慣有的那分癡情卻又無力擺脫對人生特別是愛情的戀狂情愫，頗能抓住當時正是而立之年的師兄與我；之三是我初至異地，家國之思時縈心上，而國破山河在和漂流的強烈感受無從平衡，再加上中國大陸文革序幕業已拉開，又讓我不禁興起對於故國及傳統文化的愛慕與忖思，乃有一片茫然恍惚之感。青江三奈如泣如訴的歌聲一遍又復一遍在我們耳畔盪漾，而清茂師兄即席為我把歌詞譯為中文：

女人的一生——愛戀，

為愛所濡淹的一生——隨波而去。

我啊！欲死欲仙，
在無止無境的歡樂夢境中醒來，
之後，就一片恍惚了。
今宵啊！今宵！
今宵又悄悄地來了。
這令人神魂搖盪，
令人恍惚的藍色憂鬱啊！
我為君狂。
憂鬱似霧，
若大珠小珠串鏈般滴落。
雲雨巫山，斷腸
之後，
一切的一切又都
茫然恍惚了。

今宵啊！今宵！
是卿孤獨一人在飲泣
抽噎，
無法自拔於藍色憂鬱之中。
我心早已濡透，
恍惚。反側。

清茂、秋鴻是我一九七〇年完婚時的男女儐相。男女儐相由一對好友伉儷擔任，這也實非尋常一般。能得到他們夫婦的首肯，可謂著實加深也加重了我的喜悅。「清茂」「秋鴻」，他們伉儷的名字，多麼配合他們的為人、個性與品操，清新雅爽，令人十分歡喜。名如其人，他們在我此生交識的友輩中，算是鮮有的。

七十年代，清茂取得普林斯頓大學頒授的博士學位後，旋離開灣區，轉往東岸的麻州大學任教。其間，他們夫婦多次往返臺美間，都在酒蟹居歇腳數日。一九九六年九月，他自麻大退休返臺定居，過路加州，來酒蟹居盤桓五日，他在我們的「酒蟹居嘉賓留言

1970 年結婚，鄭清茂夫婦（左一、右一）是我倆的伴郎、伴娘。

2001 年，老友鄭清茂（右）來美，在莊因史大辦公室合影。

簿」上這樣寫著：

丙子早秋，自麻州大學退休，結束旅美三十四年異國生涯，九月初返國定居。路經加州，再過酒蟹居，盤桓五日。言笑諧謔，大快平生。此番離去，大洋遠隔，不免依依。李白詩：「浮雲遊子意，落日故人情。」聚散無常，亦無可奈何也。二爺（友人對我的戲稱）美麗伉儷待愚夫婦，如兄如弟，如姐如妹，數十年如一日，感何如之。李白詩：「桃花潭水深千尺，不及汪倫送我情。」來日方長，在臺灣或在美國，當時有聚首把晤之日也。

我在燈下望著師兄題字及他的白皚寬闊的前額與微禿的髮頂，忽然有感。原擬書寫李白「棄我去者，昨日之日不可留；亂我心者，今日之日多煩憂」贈別，終覺太過消極，於是改以數年前書就裱裝的李白〈月下獨酌〉四首擇一相贈：

花間一壺酒，獨酌無相親。
舉杯邀明月，對影成三人。

月既不解飲，影徒隨我身。
暫伴月將影，行樂須及春。
我歌月徘徊，我舞影零亂。
醒時同交歡，醉後各分散。
永結無情遊，相期邈雲漢。

餃子軍的主力

六十年代後期擾攘的美國大學校園，當然也激起了許多自臺泛海而來留學的學生，借日本侵奪釣魚臺島事件，引發了他們的政治省思。東西兩岸的積極「保衛釣魚臺」分子掀起了學運，當年我臺大的朋友，在柏克萊校園參加學運的至少有色彩鮮明的劉大任，郭松棻、李渝夫婦棄學去了東岸，投入了中共的駐聯合國代表團。柏克萊加大校園內還有一些朋友，像葉珊（楊牧前期的文學筆名）、水晶（楊沂，我當年臺大同期的外文系畢業生）等，則浸沉於文學的城堡中。該時柏克萊加大東方語文系的中文教授陳世驤先生，很關懷一批校園中來自臺灣的留學生。陳府「六松山莊」也經常就成了留學生聚會餐飲的地方。我在當時，跨海灣去柏城和諸君子相與，也就常去陳府包餃子。從和麵、擀皮、和餡到包，成了餃子軍的主力。在六松山莊也認識了陳先生召聘來擔任柏克萊加大東亞研究所主任的莊信正，這位臺大晚我一屆的老弟，引介我去見該所卸任主任張愛玲女士，鮮與外界接觸的她，贈給了我一本她簽了名的一九六八年臺灣出版的張氏小說集《怨女》。

多情應笑我

一九六四至一九六五年底在澳洲的一年，雖是初至域外，但我並無真正的悽惶無助感，也沒有初抵灣區聆聽青江三奈沙啞撩人歌曲的寂寞無奈感。女人的一腔幽怨，如果不因男人的存在而有靈慾刺青的愛恨烙印，或許也不至於有自亞當夏娃以來的曠古真情大愛了。而我在灣區，正由於「故國」的出現，讓我在臺灣一島上怨嘆長久的情思有了吐露的機緣，奔赴保釣運動絕大多數百分之九十九的人，不是都與我一樣對「故國」有著深切情懷的「外省籍」臺灣留學生嗎？他們何以對於「故國」心嚮往之，恍惚反側，無需深究即可得到回答了。白色的政治恐怖對於他們要是可以奏效的話，還會有藉保釣吐露殷思悲情難抑似青江三奈般訴說無奈怨嘆、參與保釣的人士嗎？

這也就是我在華人畢集的金山灣區初聆青江三奈歌聲而產生恍惚神搖反應的原因了。

花旗印象之一——大比小好

六十年代後期我棲遲金山灣區，望鄉也近。恍惚怨嘆之餘，也注意到了美國新大陸土地上的若干現象，顯露出與中國文化極其鮮明對照的文化。耳目所及，細加忖思，得到了美國人的「大比小好」、「新比舊好」、「少比老好」、「快比慢好」、「冷比熱好」的那種簡易二分法的基本人生哲學觀印象。

初抵汽車王國美國，看見在市街道上行駛的，盡是方面大耳、四平八穩的大型(Full size)汽車，一般小車簡直不易看見。當年所謂的小型汽車，似乎只有德國製造外銷至美的手排檔「人民車」(Volkswagen)，美國自己是不製造那般顯示窮酸的「小甲蟲」(美國人當年輕蔑呼喚德製VW〔Volkswagen〕的綽號)的。走在市區街道上，通常可以瞥見這樣的景象：一位戴了深黑墨鏡、長髮及肩、嚼著口香糖、搖頭晃腦隨著車中喧囂的搖滾音樂打著節拍，左手搭放在敞篷大型汽車前座門上的少年郎。他們多以輕狂的表情顯示自己是個不知人間疾苦的紈袴子弟，徜徉在安樂鄉的大路上。那方面大耳的 Full size 汽車其實業已老舊了，而且因為是完全的自動排檔，耗油量極大。我相信路人似我者所見，立時會產生世界上半數的汽油，全被這種老舊的大型汽車像喝汽水般喝掉了的感受。

什麼是美國人眼中中看的體型？答案彷彿只有一個：「大」。男人需要方面大耳、虎背熊腰、寬肩長腿；女人就該是血盆大口、豪乳肥臀。你去市場買菜，白菜、菠菜、芹菜、西紅柿（蕃茄）、茄子、蘿蔔，都跟自動排檔的大型汽車看齊，巨大無比。美國人管雞腿叫做「鼓捶」(drumstick)，言其形狀大小，以手抓握而食真有以鼓捶敲擊的神采飛揚。如果你要雞蛋，糟糕了，尋遍市場任何角落，你看不見標著「小型」(Small size) 的雞蛋。難道美國就沒有小型雞蛋？對，美國人就是不吃小雞蛋，所以，答案是否定的。美國當然有小號雞蛋，美國人也吃小號雞蛋。但是他們極不喜甚至厭惡「小」那個字。於是把原有的小號雞蛋改標成「中號」，原來的「中號」標成「大號」，原有的「大號」則標成「特大號」(Jumbo size)，標高 (up grade) 是老美所好。就因為看「小」不順眼，而硬把它擠掉了。所以，我們稱為「小型」的汽車，美國人也不愛用「小」這個字，他們呼之為 compact car。美國人不愛「小」，因此，在語意上有「幼小」之義的「初」這個字，他們也討厭。我們說「小學」，他們說 Elementary school；我們說「初中」，他們說 Junior high school；我們說「高中」，他們則稱說 Senior high school。總之，截下取上，以顯「大」氣派，這是美國人的哲學心理。再以吃肉為例，他們要吃整塊大片的，而不用中國人切成絲或屑的方式。大塊吃肉，才有獅子老虎啃、撕、啖、呑的足意快感。

中國人有「人往高處走」這句俗語。如此談說，是對於「人」之所以向上的一種肯定。這樣的誇大實則無傷大雅，它是對於人之所以為人的驕傲的證明。美國人卻喜大而惡小，即使說這是美國人的「誇大」，也未嘗不可。中國在歷史上也有過如此光輝燦爛、揚眉吐氣的「大」時代，自認為「天國」。皇帝自命為「天子」，不是都把一頂「大」帽子扣在自己的頭上麼？漢、唐、宋、明、清，我們不是都往往在上面加一個「大」字來稱呼嗎？何以？因為那些時代我們認為中國是泱泱大國啊。這不僅止是疆域遼闊使然，而是以文化勝的「大」氣概。這是以疆土大、物產豐、人口眾、文化高、國勢強等因素混成的優越感，用以逼退夷狄的大成。這是理直氣壯仰天長嘯的磅礴大氣，發自每一個中華兒女心田，奪腔出喉而蔚成的蒼厚白雲，縈繞五嶽，浩蕩神州。

然則，二十世紀的中國，對於我幼、少、中年而言，已經看不見我們可以自詡的「大」

了。在那個我成長的階段，我感受不到做一個「大」中國人的榮耀了。

第二次世界大戰戰敗的日本，卻正好在我這個成長階段，從一直被我們目為的「小」變成了現代經濟富強、國力威盛的「大」國了。我在美國這個當今強大的國家目擊了華人「保衛釣魚臺」運動的興起。那些參與者，肯定與我一樣俱有「大」和「小」的歷史感受的。由四個小島拼湊成像一條蠶的日本國，一天天茁壯，眼見就要變成一條太平洋中如原始恐龍的「蠶怪」(monster)，這條蠶吐出的絲，可以把世界繞罩在牠的繭囊裏。真正喜大誇大的大國美國，已經對那曾是手下敗將的小日本，感到強烈的「大」威脅了。

我在幼少時唱過的歌曲，每當歌唱祖國時，都是以「大中華」出之。〈國旗歌〉更是以「山川壯麗，物產豐隆；炎黃世胄，東亞稱雄」唱出。但是，自我幼小隨家對日抗戰漂流，到桴海去臺，到離臺棲遲天涯的四十餘年中，我從未感到「大中華」是「東亞稱雄」的。稱雄的是我們蔑視的「小日本」。我於是強烈的意識到，所謂「大」「小」，並非以國土的實際大小而論。虛實有定，「大中華」或應稱「小中華」，而「小日本」實應呼其為「大日本」了。我這樣對於「大」「小」的深感，在初抵美國的頭十年中，確係一種煎熬。仔細靜思，保釣運動，實際也足可以稱之為一場大小運動。當初參加保釣運動的那一批人士，有誰是真正親共的？他們不過是被白色恐怖的大魚網捕捉到的小魚小蝦罷了。

花旗印象之二——新比舊好

理論上，「新比舊好」，是說明事態現象、物質的實用價值方面的進步。比方說，民主自由勝於專制威權；企業大經營管理制度勝於老字號老招牌的信譽；電子打字排版優於鉛字排版；而鉛字排版又勝於蠟版及手寫。所謂「新」與「舊」，我們必須置放於某一特定時空中去檢視。「今日之我向昨日之我挑戰」，並非意味昨日之我已一無是處，而是說在進展的時程中不太適宜於新的觀念與要求罷了。我們說「日日新，苟日新」，也是在這個層面著眼的。

美國是一個在新大陸上創設的新國家，一切建築在一個「新」上。是此，美國人一般地說是一個前瞻的國家。他們對「過往」基本上是不願意牢牢抓住不放的。Tomorrow is another day 這句話，就足以說明此種心理。

這崇新的熱切，表現在各個方面：汽車工業年年出新；服裝業每年的新款式；新歌新舞的年度賞；手錶、音響、照相、電話通訊（從我初抵美國時的有線撥號老舊沉重電話，一再躍進到現時的無線小巧精緻便利的手機）……科技上的日新月異，使得美國人的物質生活連番改善。我在美國初見阿姆斯壯先生登上了月球，而現在美國的新科技已經展向了太空的其他星球了。天翻地變，確乎如此。總之，「新」是一切的原動力，美國人要把人的才智一點一滴發掘出來支配在人類生活的每一方面。他們似乎要把「不可能」這個辭彙從人類語言中棄置。「Try it, you will like it」這句商業上的流行俗語，在我初抵美國以來的這數十年中，它似乎對我起著一種洗腦作用。日而久之，你的觀念不知不覺間就潛移默化了。

強大，這個美國人自信自負的國家認同感，正是建基於「新」之上的。反看我們自己，中國人一向慣於擷古敷今，「以不變應萬變」，於是就舉步維艱了。新的觀念給予了美國「創」的意識志圖，「創紀錄」是他們非常樂見的。比賽在一定時間內吃掉多少條熱狗，我們認為是愚蠢、荒謬、無聊、幼稚，但是他們的重點則是「紀錄的締造」。我有一次揶揄一位美國朋友：「為什麼美國人沒有生育紀錄比賽方面的夫妻？」對方想了一想，笑著兩手一攤作答：「你知道嗎？這因為不是個人意志的表現。必須男女雙方互動方可。」我又問：「難道沒有一對夫妻願意自己作為生育紀錄的創始人嗎？」對方回答：「我想一定有。但是，他們也一定考慮到一個事實：『生育紀錄創造的後果，由誰來負擔？』是你嗎？」我們都笑了。

花旗印象之三——快比慢好

「欲速則不達」，這是中國人的成語。美國人其實也有「羅馬不是一朝造成的」(Rome was not built in one day) 的說法。話雖如此，美國人給我的印象卻是快比慢好。在吃的方面，他們有快餐 (Fast food)；在行為上，美國人主張快也喜歡快。菜蔬花草，他們喜歡快速成長；閱讀，他們主張「一目十行」(Fast reading)。美國人喜歡即刻見效，不喜歡拖拖拉拉。他們中意快刀斬亂麻。他們講求速效，而我們則總以為這是毛躁、不夠沉穩。「從長計議」，他們覺得太不夠效率了。世間的事，當然不是樣樣以快速見稱，有時真是「事緩則圓」的。不過，美國人喜歡求取統一。於是，事不分輕重緩急，都被「等號」加以統一了。快，美國人認為對事就要當機立斷，要速戰速決。議而不決，他們不願接受也不能忍受。對於事情的解決，他們的立見功效的做法，有時的確難免潦草率性，我跟我的美國友人談過這樣的事情與他們的行事原則。多數的時候他們的態度是這樣：「快速可能產生弊端。但，沒有弊端又焉能改正？」的確，美國人常說 Time is money，我們也說「寸金難買寸光陰」，其實是一而二、二而一的。兩者的不同，可能我們總是說說罷了。可是，對他們來說，這樣的說辭正是效率的燃料。也就是說，「快比慢好」，是跟「新比舊好」相輔而行的。

中國人對「標新」，隨即以「立異」批判之。「立異」表示偏離「正統」，於是加以撻伐。是故，欲標新者，不願無辜被視為異類，遂託身在不更名的原則下，與原有名號相抗衡。這在商業上尤其彰顯。比方說，天津的「苟（狗）不理」包子出了名，有人便以「老苟不理」為店名，標榜苟不理的包子滋味。我當年在臺中市讀書時，成功路上的糕餅店家「太陽堂」製做的「太陽餅」馳名全臺。如今「太陽餅」全臺怕不下百家了，但都不是原臺中市太陽堂的分店。原先在北平頗負盛名的餐食名號，諸如「真北平」、「逸華齋」、「月盛齋」、「都一處」……前前後後，隔著臺灣海峽，竟公然在臺灣自立名號，承傳祖業了。這種「雙胞案」的行為，美國人沒有。美國人不喜歡一直附屬於他人的名號之下。他們慣於獨創純粹自己的一切。清華大學、交通大學，都是當年中國大陸聲譽卓著的名學府。但沒想到在數十年後隔海分治的臺灣，竟也有完完全全同名同姓的清華大學和交通大學的設立了。而這兩所大學都是政府投設的，中國人嗜舊的傳統觀念太明顯不過了。我在美國遇到自中國大陸來的清大交大畢業生，他們或許是搞文化統戰，但也或許是本著同門同宗「一家人」的感覺，於是把「中國」及「臺灣」的國名都捨棄，索性以「清華大學留美校友會」及「交通大學留美校友會」包容了海峽兩岸的兩校校友。我想，這兩校留美的臺灣校友，從未有「臺灣清華大學留美校友會」及「臺灣交通大學留美校友會」的設立，這樣海峽兩岸的默然接受彼此，在盛名之下，「異」是立了，但「新」標在何處？

這樣的「新」與「舊」的心態，美國人無言以對，只能聳肩攤手苦笑著說：「我不知道該怎麼說。我又不是中國人。」

花旗印象之四——少比老好

一般而言，美國人是「不服老」的。「老」對他們來說，就是「舊」的同義詞。前面已經提到，這與「新」對立的「老」他們是不能忍受的。他們不能把無窮希望，無窮精力，無窮創意，都拘束在「舊」中。四十多歲的人，在美國，可以當掌控五十州的大總統，可以當大學校長；在中國，可以嗎？即使在西風美雨的掃洗之下，四十多歲的「小伙子」當上了總統，當上了大學校長，還是有大批默默無語的人在心底嘀咕：「太嫩了罷？」一個年輕的美國人稱呼其父為 old man，我們固然可以譯之為「老頭兒」，但是美國人用 old man 稱呼父親的時候，那種不以為然，不屑，不快，自以為是的口氣我們不要忘了。

我在幼小時，大人對於兒童以進步文明的稱號「國家未來的主人翁」呼之。「未來的主人」不是足以表示對兒童的尊重與嚮往期盼嗎？但是，下面又贅上了一個「翁」，中國式的以「老」控制一切的傳統觀念卻曝露無遺了。「老驥伏櫪」、「老馬識途」、「老手」、「老謀深算」、「老規矩」、「老當益壯」這些詞，都是在對「老」的服膺下創有的。中國共產黨在革命革了數十年之後，政治口號仍高叫著「老、中、青三結合」，「老」排在最先。所以，在中國，「老」真是福氣呀！

花旗印象之五——冷比熱好

吃西餐，在主菜未至前，通常先來一碟生菜(salad)。這種涼拌菜，至少是保持在正常的溫度(room temperature)內。不但生菜是冷的，飲料一杯，不論是白水、汽水、果汁、牛奶、酒，凡配合熟食的飲料都是涼的。吃中餐則不同。配合熟食的飲料只有湯，而湯一定是熱的。中國人（現時受洋習慣影響的人除外）吃飯時不喝涼水，不喝汽水，不喝啤酒，也不喝牛奶或果汁。除了熱湯之外，飯後飲茶，還是熱的。

洋人重冷而中國人偏熱，在吃夜宵(mid-night snack)一事上更見一斑。

按，snack一詞，意為「快吃」或「速食」，這對注重「細嚼慢嚥」的中國人來說，就違背了「宜慢不宜快」的原則了。吃夜宵，實在是一日三餐之外的「多此一舉」。尤其從醫學的科學角度來看，簡直是「自找麻煩」，因為太不健康了。然則，不論中外，倘若把吃夜宵當作一種「嗜好」來看，偶一為之，似乎也並不傷大雅而係頗饒風趣的行為。既是這樣，也許逕可認為無關科學，也就不是什麼「君子弗為」的事了。所謂自得其樂，以吃夜宵來說，其實是「內在」與「外在」諧調巧妙配合而產生出來讓人樂不可支的一種效果。我們先言「內」。第一，不能怕麻煩，故而不可有胡亂抓取食物吃了了事的心態；第二，要稍微講求細緻，姑無論食物本身或吃的行為，都要細膩，絕對不能有「填肚子」冷熱好壞來者不拒的輕率；第三，不可心存絕對實用主義的療飢態度，狼吞虎嚥，吃了之後即蒙頭大睡；第四，千萬不能舉棋不定，既想解饞享受，又有懼怕睡前不宜貪嘴以致消化不良有損健康的靈肉交戰過程。有了前述四事之中任何一項，不但無法盡興，很可能是悵悵然抱恨登床，一夜難安。

次言「外」。吃夜宵是一種小規模的視覺加味覺再加感覺的享受。第一，宜小不宜大。既不是山珍海味，也非大魚大肉，而僅是可口悅目的小菜數種。以精緻小碟小碗盛裝；第二，宜淡不宜濃。紅燒蹄膀、乾烹大蝦、三鮮大拼盤都嫌油膩過重，不夠清淡爽口爽目；第三，宜精不宜多，重質不重量。小菜以風味獨具勝出，切忌斑雜。內外勻稱之後，氣氛已具一半，即使清粥小菜，都有神趣；當然，還有最重要的一項，第四，宜熱不宜冷。因為，基本上「熱」是情性的、感性的、和順的，似乎多少也是藝術性的。而「冷」則是理性的、知性的、也是科學性的。洋人吃夜宵，可以是冷牛奶泡五穀雜糧，也可以是夾冷肉冷菜的三明治，也可以是冰箱中任何可以果腹的食物。總之，療飢的目的是達成了，可是，既無情，亦無趣。嗚呼！華洋之別，連在吃夜宵區區小事上，一尚智，一求趣，竟也昭昭然若是。

自從「賽先生」(Science) 和「德先生」(Democracy) 移入中土，喧賓奪主，霸業赫赫以來，粗計也有百餘年了。巨者如政經、社會、國防、人倫關係、家庭組織……都起了革命；細者如民生四事的衣、食、住、行，也在在摩而登之。我倒不是迂腐冥頑，當我們的生活逐漸僵固在機械化的過程中而難以自知的今天，我認為著實需要「情」的藝術潤滑作用了。基於此，特別是在中國「民以食為天」的社會，三餐之外，偶爾加上吃夜宵，大可不必視之為畏途，何必要讓篤信科學為神明的洋大人，硬把我們搞成「汝怕他」(Robot) 的機器人不可呢？「情」是吃之一事極關重要的原則，可以注意「科學」的關注，但是，萬不可把「吃」交給科學。沒有「情」的吃，那僅是一種「行為」。正如男女兩相情悅了，做起愛來 (making love) 方會令人神魂顛倒，飄飄欲仙。否則，那就太作踐人之性了。

走了。

海的這邊，有妻有小，有一個極好的家。也有牽有掛，
可我還是暫拋這些難以割捨的世間人生貴物，
走了。
走向東方，走向海的那邊，
那個名義上和實際上屬於父母但感情上卻仍屬莊家的家。

第九部分

二十世紀七十年代

從獨身到成家——新人生的開始

我生於三十年代，正是紛亂擾攘的歲月。前後經過了抗日戰爭的流亡播遷、國共內戰，終而至臺；卻又離臺去澳，再轉美國。三十年中行遍世界三大洲。此後，長期棲遲域外。在政治上，我歸化成了美國人，打持著「中國」的旗號，自命為「中華文化宣慰使」；而在時序上，卻已然進入了七十年代了。在這樣擾攘漫長的四十年中，似乎有幾樁自認的「大事」，值得一述。

眾裏尋他千百度

那年，我已經早過了「而立」，而是三十七歲所謂的「單身貴族」了。我這一生中，在婚前有兩大挫折：一是升學，一挫再挫；二是在大學談了三年的戀愛，在畢業入伍之時竟被女方拋棄了。失戀之後，曾經有一度頗為「自得其樂」，開始追求我自認浪漫多彩的理想生活。但是，好景不常，終究未能免俗，唐吉軻德子然一身的浪漫英雄，還是被婚姻的迷障打敗了。人的一生中，結婚一事，可謂生物本能現象再加上因人為萬物之靈而產生的一樁有道德約束的行為禮儀。「生物本能現象」，言雌雄歡配，完成傳宗接代任務的天職；「有道德約束的行為禮儀」，乃是對於婚姻本身的禮讚與尊崇。這是在生物界唯人類方有的榮耀。中國大男人主義歷史上的一男多妻及男人可以逍遙逛窰子嫖女人的惡習陋規，在現今世界極大多數文明國家，早被法定一夫一妻的「婚姻」制度光耀所逼退。我，一個現代文明國家的高級知識分子，不但忠誠服膺恪守法律上的一夫一妻制度，且堅持中國固有的「白頭偕老」傳統觀，反對「離婚」。

正因為如此，我結婚時已是一個「老光棍」了。對結婚來說，打著燈籠去尋尋覓覓固不免，但吉光照耀，抓取機緣於轉瞬間的當機立斷本事似也不可少。而我就是打著燈籠，「眾裏尋他千百度」，驀然回首，當機立斷，轉瞬間對我的「另一半」手到擒來的。

不入虎穴焉得虎子

我的大學友人，歷史系同學蕭啟慶（現任中央研究院院士）兄在知道我的結婚對象是林海音女士的長女時，還曾玩笑式的說：「鹹鴨蛋也要孵小鴨了。」（按，林海音女士有散文集《綠藻與鹹蛋》一書）但是，在普林斯頓大學任教、我當年臺大研究所的學長老友唐海濤贈我的一幅聯語卻說得好：

因陰陽之大順，美琴瑟以諧和。

有人說「結婚是愛情的墳墓」，說此話者就似一個盜寶的人，一直哆哆嗦嗦神魂不定，一直考慮萬一被逮捕後的不幸。但另一種有決心去盜寶的人，他有必勝的決心信念，膽大心細，智勇兼具。抱著「不入虎穴焉得虎子」的大勇，一舉成功。我想我就屬於後者。

酒蟹居中茶酒香，魯男有幸得嬌妻

我跟我妻的相邂不在西廂，而是在當年大師兄鄭清茂柏克萊鄰城「愛爾伴你」(Albany)市的小公寓。從初見到步上紅地氈，不足一年。

我家娘子，酒蟹居女主人究係何等女子？我在一九八五年（歲在乙丑）美麗四十初度時獻給她的俚語打油詩或許可見一斑：

女人四十一枝花，細思此言信不差。
洵美綽約臨風立，濃粧淡抹四時佳。
我家娘子俏美麗，有口皆碑眾人誇。
明窗淨几無纖塵，相夫教子全仗她。

窩居狹陋客常滿，有酒有蟹有魚蝦。
雞婆過壽咕咕叫（美麗肖雞），雞公昂首翹尾巴。

四十添十，歲次乙亥（一九九五）美麗半百壽日，我又寫了一首俚語打油詩相賀：

晃眼半百老母雞，嫁與莊生念五期。
相夫教子裏外挑，不聽調配粉掌劈。
娘子生性麻利急，討厭黏糊和稀泥。
遑論南北與東西，管它三七二十一。
精力足，笑嘻嘻。
轉眼談說一桌席，鼎鼐功夫世稱奇。
親友成群呼嘯至，佳賓常滿座不虛。
酒蟹居中茶酒香，魯男有幸得嬌妻。

更可說明酒蟹居女主人之一斑。

總的來說，美麗在酒蟹居中的身分應是：總司令，國務總理兼內政部、財政部、教育部、交通部及外交部部長，酒蟹居大司廚，酒蟹居主人機要祕書。我們同肖雞，年齡相差十二歲。中國有一句「人見人愛」的俗話，表示對於結識某人後大家對其具有共同良好印象與反應及肯定的接受度。這也足以說明美麗在眾人眼中的正直、大方、豪爽、真誠、熱情的表現，她真是「人見人愛」的良妻。

「酒蟹居」的成立

抵美後，婚前住過四個地方：初始居住在我持教的史丹福大學校門外 El Camino 大道與邱吉爾 (Churchill) 街交口處的一所民宅，為時三月。二遷入校園方告落成的 McFarland 公寓。半年後因出入之學生太多而遷出，於是三遷至跑了ㄚ頭 (Palo Alto) 市的一座由舊民宅改建的小公寓。但樓上住的一位酷愛搖滾音樂的史大學生，每日晚飯後必將收音機的音量放得超大，使我忍無可忍搬出。於是四遷至史大校園後大學坊耶魯街上的一間小公寓，一直住到結婚。終因美麗生產不得續約而又遷出。於是住進跑了ㄚ頭市南區一條鬧中取靜的巷中合成公寓 (Complex Apartments)，那兒也就是兒了莊誠的第一個家。

當年家居跑了丫頭城大學坊耶魯街時，便有了給租賃的小公寓取個齋名的意願了。婚前我在柏克萊的東風書店發現了一張北京榮寶齋的水印複製畫作——齊白石先生的〈酒蟹圖〉。白石先生在畫上題了「有酒有蟹，君若不飲何其愚」數字，極得我心。遂購下懸在公寓壁間，於是摘取「酒蟹」二字為齋名，「酒蟹居」於焉誕生。

婚後一年半，酒蟹居因狹小難於接待大批賓客，故到訪者不多。其間的貴賓首推以「左手的繆思」為名的散文大家名詩人余光中先生。該時余先生在科羅拉多州遊學正值期滿返臺，與夫人及四位千金自高原驅車西行至加州降尊酒蟹居（余先生與岳母大人林海音私交甚篤）。他將乘坐的那輛美式轎車囑我代售，這亦算是我此生做過的唯一一次買賣。

「酒蟹居」齋名三字是老父用自製壺筆寫成。

耶魯街及其後遷入的小公寓，終因仍與酒蟹居名實不符，接待不了大批文士朋友，遂於一九七三年在山景城購置家屋以解寒傖。這也就是我們在此一住三十餘年的酒蟹居了。

又見臺北

浩蕩離愁白日斜

天涯靜處無爭戰，旌旗消為日月光

唐人有詩句若是。出國既久，番語聞說太多，生活習慣基本上則未改，但早餐長期食用牛奶麵包，也就暗中思念起清粥小菜燒餅油條的情景來了。由物而人，懷舊之情與日俱增。家成業立而得子，海峽對岸的十年撼天動地革命亦已告終，該是返鄉的時刻了。清代詩人文士龔自珍先生有一首七言絕句：「浩蕩離愁白日斜，吟鞭東指即天涯，落紅不是無情物，化作春泥更護花。」最能描寫我的感覺。一九七五年，歲在乙卯，父親寫了一付聯語給我：「風雨一杯酒，江湖十年心。」他還在聯上題識：「莊因去國十載，懷鄉念井，溢於言辭。為寫此聯，慰其愁思云爾。」

於是，一九七九年，我終於乘了「中華航空公司」的臺美線班機，回到了臺灣。

無論如何，回家終非奢侈的事。天涯歸去，縱不算是豪舉，或是壯舉，說是聖舉，似不為過。鋼琴鍵盤上有高半音的黑色琴鍵，不一定每奏一曲必然用到，卻不可或缺。回家亦然，出外久了，不一定年年必歸，可是說不準何時便會怡然歸去。住在美國西岸，尤其是加里福尼亞州舊金山海灣區一帶，得天獨厚、華人匯集，望鄉也近，早被棲遲在美他地的朋友豔羨得咬牙切齒。既如此，引頸踮足眺望之不足，終於心一橫，回家去也。

走了，回家去！

走了。

海的這邊，有妻有小，有一個極好的家。也有牽有掛，可我還是暫拋這些難以割捨的世間人生貴物，走了。

走向東方，走向海的那邊，那個名義上和實際上屬於父母但感情上卻仍屬莊家的家。從大處看，由西向東，由棲遲之地回到中土，這也方使我的歸「家」之感達到強烈的最高點。

在僑居地的美國，不論長程短程，雜混在黃髮碧眼的旅客中自舊金山飛往他處，儘管我已入了美籍，儘管在工作及生活上我也口操英語，但我總覺自己是「客」（實則美國人一般也認我是客），只有搭乘中華航空公司的飛機飛向東方時，雖也仍是雜混在旅客之中，而我不再感覺是「客」，我是「主」了。我不介意別人如何感覺，自己對於這短期作客卻有反客為主的心理，則是十分珍視。我在飛機上不眠、不休、我思、我讀、我說、我聽、我寫、我看，完完全全以「中國」為主導，把自己全心全意交給中國。

臺北的好

回臺灣，當然是先回臺北。有人問我回臺北怎麼好，我說因為人好。於是有人又追問此何所指，答曰「看見中國人便好」。海外不是也有中國人嗎？是的，但這跟身在臺北不一樣。我算是比較幸運的，因為是住在加州，而且是在舊金山海灣區，美國人已經認為這裏的東方人多如過江之鯽了。但是，你把同樣黃膚黑髮的日本人、越南人、韓國人……剔除，所餘的東方人中的中國人，已為數不多。而且他們腦子裏所思所想，也不一定與中國全然有關。他們的語言，他們的文化，有的也可能與「中國」全然無關。總之，他們跟臺北的中國人不是完全一樣的中國人，他們只是冠著中國王姓張姓外表看起來跟真中國人一樣的中國人。然則當你走在臺北街頭——忠孝東路、新生南路、成都路、延平北路……上，你不必感覺也不必自問是來自何方，當然你也不必感覺別人是否感覺你來自何方，因為你和其他的人一樣，你就是中國人。這跟在舊金山海灣區不同。不管是一代、兩代、甚或三代，你隨時會警醒自己來自何方。因為你周遭有黃金色、橙色、紅色的頭髮的人認為你並非道地的美國人。

除了皮表的異同之外，這種「是否自己是中國人」的感性，當然與能否操用母語有關，因為這是因人而異的另一方面。我的意思是說，你在臺北的每一角落，都會聽聞到一致的語言。於是，你不必氣苦周旋於兩種不同語言之間的尷尬。你要說什麼想說什麼，脫口即可。自自然然，從從容容，不必事先受到另外一種語言的檢查和干擾，說出來後難免有神傷之感。聽聞和操用母語，會令你感到渾然忘我。

這就是回臺北的好。

已非舊時味

可是，別後十年回歸的臺北、我親眼目睹的臺北、耳聞的臺北、所思所感的臺北，究竟與我印象中的臺北有了一層紗網式的疏離了。套一句我的大學時代學長朋友前臺大逯耀東教授的話，十年後見到的臺北「已非舊時味」矣。

逯耀東的中國飲食歷史章著，長久以來為我喜讀。除了得力於他精琢有致的文才及史的串聯功力外，在他的談飲食的作品中，一貫著重「品味」及「文化」境界的薰托，可謂真正的高級「精神食糧」。比方他在《已非舊時味》一書中說：

> 飲食習慣雖然隨著時空而轉變，但在轉變過程中，承傳的脈絡仍是有跡可尋的。我這幾年在裏面（按，即中國）尋找舊時的飲食，但吃來吃去總不是那種味道。雖然有些貌似但卻神非，已非舊時味了。也許和一開始就決絕地斬斷傳統有關。……但吃和其他文化一樣，必須有傳統繼承。但傳統和現代之間，卻存在著無法跨越的斷層。……由於這些年社會急速轉變，傳統和現代銜接之間，出現了脫序的現象。社會各個領域都是一片雜亂。……一些名稱怪奇又不雅馴的飲食店相繼出現，美國的速食在臺灣登陸，其來勢洶湧，蔓延的迅速，遠越過五四時期文化的輸入。

真的，我在臺北街頭就看見一個賣饅頭的攤販，插著一面小旗，上面有「野人頭」三個大黑字。我幾乎不能相信。逯著中所謂「一些名稱怪奇又不雅馴的飲食店」我所親見的就有「黑店」、「放狗屁」、「阿媽的店」、「潛意識西餐」、「阿爸的情人」等。店家的手藝究竟如何是一樁事，但店名搞得這般缺乏「品味」，在「飲食為文化的一節」的意義上，傳統的繼承的失落，確乎是令人噓唏了。

社會的急速轉變，政治的漸然漫壟，外來文化的浸蝕，使得臺灣在我缺席的十年中，突顯了與傳統頗不協調的現代感。我有點吃驚，也有點害怕了。男女之間的「房事」直譯「做愛」不說，卻又變成了「嘿咻」。青少嗑藥酗酒集體作樂的聚會 (Home party) 變成了「轟趴」，的確新了一點，完全失去了文化的考量。我去母校臺大校園巡禮，此起彼落同學間高呼「拜！拜！」之聲，拉不回我對「再見」飄逝的距離了。我到小店去吃一客鍋貼牛肉湯，侍者給我的是煎餃子而不是真鍋貼。他給我的回答譜寫在那不可思議一本正經的笑臉上：「這不是鍋貼是什麼？這不是水餃耶！」

已非舊時味，也就是一種失落的苦惱。

我不必訴說物質層面的一切興廢，也不必訴說人非，而只是要講述我個人的真實感受。我是從地球的另一方時空中回歸故地的「舊人」，也許我的感受不若生活在當地的「新人」那麼泰然。但是，「過往」絕不代表「沒有」，也絕不意味「消失」。如果「過去」予人的感覺真是一無所有，那恐怕就是癌症患者走向死亡時被煎熬的痛苦了。因為，附在人體內的「過去」正漸然散逝，終將成為一無所有的難堪和逼忍。

錢鍾書公案

緣起

最近有一位中國大陸的青年學人來訪。談說過去在大陸時，曾見及因我的一篇關於錢氏來史丹福大學演說所作的報導，而引發錢夫人楊絳女士與馮友蘭先生後人宗璞女士（馮氏女兒）的辯論，詢問我對此事的看法。

這已經是三十年前的舊事了。

我回答這位青年學人訪者的詢問，言說：

一、錢鍾書先生隨中國「社會科學代表團」訪美，於一九七九年五月初旬訪問史丹福大學，並舉行座談，確有其事。

二、我對座談會的報導，是受當時臺北《聯合報・副刊》主編老友瘂弦兄的委託，領命就近參與。

三、報導純係一個文化人以真誠態度出之。不賣弄文字。不無中生有。不作評論。不飾非。不虛構。是純報導。

四、報導文字刊於一九七九年六月五日臺北《聯合報・副刊》。文章刊出後，我又寫了〈關於錢鍾書印象的補充〉小文，刊於一九七九年六月二十六日《聯合報・副刊》。對錢氏在座談會上的用辭，雖非帶有隨身小型錄音機一類科學器材而作成實錄；然則，有關錢氏所言內容，絕無飾非，力求真實，文責自負。

五、對於我自己因寫了報導文字，而引發宗（璞）楊（絳）兩造的筆墨官司，成為「罪魁禍首」，至感遺憾。於是，我決心寫出〈錢鍾書公案〉一文，再說端詳，還錢先生被宗璞咄咄逼人而有口難言（錢先生因臥病不能說話）的窘境一個清白。

一開始，我想把這篇三十年後再談因錢氏當年史丹福大學座談的報導而引發的後續影響的文章，定名為「錢鍾書事件」。後來考慮「事件」一語，或政治意味過濃，遂易為「公案」一語以增強其社會性與文化性。

再談「錢鍾書公案」，我想有必要將我那兩篇有關報導的始作俑者文章原文刊出，以便讀者明瞭。

〈錢鍾書印象〉（一九七九年六月五日《聯合報・副刊》）

五月初，中共「社會科學代表團」一行八、九人來到美國（加州）西海岸的舊金山。這個代表團的代表中，有兩位最令人注目，那就是文學家錢鍾書和社會人類學家費孝通。

他們在加州停留了兩天。第一天在柏克萊加大校區，主要是拜會現在加大執教原籍英國的漢學家白芝教授（Prof. Cyril Birch），及其他研究中國文學的人士。第二天（五月十六日）代表團來到史丹福大學。費孝通被邀至該校人類學系做演講，而錢鍾書則被邀到我教書的亞洲語文系做另一演講。不過，錢鍾書表示他不願意做正式演講，只希望以非正式的座談方式與來賓交換一下意見。於是，在系主任上田（Makoto Ueda）教授的主持下，就在系內教員休息室舉辦了一個座談會，彼此交換意見。

那天參加座談會的，除了上田教授、前系主任劉若愚教授，還有我以及系中其他教授和研究生們。另外，柏克萊校區也來了一批人，聽說是因為錢鍾書前一天在柏克萊加大校區演講時的限制很嚴，很多人沒能見到他，所以才趕到史丹福大學來。因此，這個非正式的討論會參加者總共三十多人。

錢鍾書穿了件灰色中山裝，遠遠地看起來料子好像很不錯，穿在身上很挺。他雖是七十歲的人，卻望之如五十許。極少白髮，精神出乎意料之外的健旺。操著一口江浙鄉音的普通話，侃侃而談，滔滔不絕，極富幽默感。

提到他所參加的「社會科學代表團」，錢鍾書說：自己明明從事的是文學研究，怎麼會被編到這個「社會科學代表團」？他說連他自己也覺得奇怪。不過，錢鍾書補充解釋，這可能是受到蘇俄式分法的影響。因為蘇俄稱「社會科學」為「文化科學」，文學是包括在內的。但是，錢鍾書又再次搖搖頭說，雖然如此，對於他被編入「社會科學」這一團，他還是有點不明白。

接著，錢鍾書把大陸上的「社會科學院」加以介紹。但是，語氣上聽得出來是官樣文章。

那天提問題的人很多，氣氛可說相當熱烈。錢鍾書也表現出很願意答話的樣子。人們詢及大陸現況問題，他說尺度比以前放鬆。對於四人幫長達十年的政治壓迫，錢鍾書也表示憤慨和不滿。他的說法與最近從大陸出來的人差不多，也是把文革的一切罪過，推在四人幫身上。

有人提問錢鍾書，他在四人幫那樣動亂的時候，何以沒有受到太大傷害的原因，他含糊其辭。另外，有人問起他過去的文學作品，他坦白表示在這方面他不願多談。只說中共曾有意把他一九四九年以前的著作重印，而錢鍾書卻表示不必。他說：「讓它們絕版算了！」被問起他自一九四九年以後的三十年有無文學新作，錢氏的答覆是「沒有」。

座談會中，他也提到了哲學家馮友蘭。錢鍾書把馮友蘭大罵了一頓。他說，馮友蘭簡直沒有文人的骨氣，也沒有一點知識分子的節操觀念。又說，馮友蘭最不應該的是出賣朋友。在座的人有人問他馮友蘭究竟出賣了哪些朋友，錢鍾書則不願指出姓名。

這次為錢鍾書舉辦的座談會，大約進行了一個半小時之久。錢氏典雅而正確的英語，顯然讓全場人士震服。一般對他的印象都不錯。但是，對於他答覆問題的語焉不詳，不免有些失望。

〈關於錢鍾書印象的補充〉（一九七九年六月二十六日《聯合報・副刊》）

前錄報導文章刊出之後，我又寫了〈關於錢鍾書印象的補充〉小文，刊於一九七九年六月二十六日臺北的《聯合報・副刊》上。全文是：

六月初，〈聯副〉編輯打越洋電話來，訪問我對錢鍾書美國之行的印象。訪問錄音在六月五日刊出後，我覺得還有一些值得補充之處。僅補記數點如下：

一、錢鍾書在文學研究所的工作，是從事宋代文學史研究。他說，研究所徒有虛名，因為圖書資料至今仍然庫封冷藏。

二、馮友蘭揑造事實，坑人使妻小俱死。馮氏現在在北大人人嗤之以鼻，人緣掃地。錢氏用英語說："Feng's name is now stinking in Peking University." 他說時情緒頗為激動。

三、有人問他「文革」以來大陸文學的評價，錢氏避重就輕說：「大家看看《人民文學》雜誌就知道了。」又有人問他，對於目前大陸地下文學持何看法？錢說：一則量少，二則尚未建立起新風格來。言下似不願正面作答。

四、錢說，大陸上對於近年諾貝爾文學獎作品頗為注意，一時蔚為風尚(fashion)。

五、對於他個人何以未在「文革」大亂中吃苦頭，錢氏幽默地說：「有些人大力建立自己的知名度，反倒被它害了。」他說他自己一向不愛出風頭，不努力作前進分子。

六、那天，本校其他語言文學系都有教授參加，大家對錢氏的印象，約而言之，是witty（措辭巧妙，詼諧而有機智）和impressive（一見難忘）。德文系的一位教授對錢氏更是恭維佩服得五體投地，連說："He is the most well intellectual that I have ever seen."（他是我生平僅見學養深厚的知識分子。）那天，錢氏自始至終，都是用流暢的高級英語講話，兼及法文、德文，引經據典。對西方文學功力之深厚，令在座洋人咋舌。

文學公案的種子

以上兩篇有關錢鍾書先生訪美在加州史丹福大學所作座談講話報導經報端發表後，都被收入由臺灣天一出版社一九八五年出版的《錢鍾書傳記資料》一書中的第一輯。該資料在中國大陸內地流傳頗廣，因與錢氏文名鼎鼎有關。但是，我萬萬意想不到，兩篇據實報導的文字，因錢氏曾在座談會大罵馮友蘭的話，竟然引發了錢夫人楊絳女士及馮友蘭至親宗璞女士兩造之間，在一九九八的一場沸沸揚揚的筆墨官司。

一九九二年，中國江蘇文藝出版社出版了孔慶茂先生的《錢鍾書傳》一書。著者根據我一九七九年為《聯合報．副刊》所寫〈錢鍾書印象〉及〈關於錢鍾書印象的補充〉二文有關錢氏斥罵馮友蘭無有文人操守，捏造事實致坑人使妻小俱死一節，在其書中這樣寫：

> 當座談會上有人提到中國某某哲學家的赫赫大名時，錢鍾書說此人在文革中出賣朋友，致朋友迫害而死，簡直沒有一點學人骨氣，也沒有知識分子的節操觀念。錢鍾書情緒頗為激動，他說他不願提此人（按，指被馮氏出賣遭迫害致死的朋友），他的正義感令在座的人十分敬佩。

我在對錢氏史大座談所撰報導中，只說錢氏認為「馮友蘭最不應該的是出賣朋友」，而「馮友蘭究竟出賣了哪些朋友，錢鍾書則不願指出姓名」、「馮友蘭捏造事實，坑人使妻小俱死」等語，並未言說如孔氏所言「錢鍾書說此人（按，此指馮友蘭）在文革中出賣朋友，致朋友迫害而死」。「坑人使妻小俱死」與「出賣朋友，致朋友迫害而死」是完全不同的兩個句子。一是指當事人因迫害而死，另一是指當事人的妻小因迫害而死。甚且，孔氏說「他的正義感令在座的人十分敬佩」，彷彿他才是在錢氏史大當年座談會的參與者和報導人，而這實非我原有報導中的文字。大概也只有中國大陸上方會發生如此之事，令人驚異錯愕。不過，孔氏與我的報導文字大同小異的著墨，似乎透露了一點消息，即是：馮友蘭於文革中坑人妻小致死的可能性甚高。這種壓抑在心，不敢聲張的苦悶，終於藉著遠在海外異鄉美國一位姓莊的人的文字而吐了出來（在孔氏的文字中，「馮友蘭」的名字，竟也變成了「中國某某哲學家」。讀者若細細體會，似也不難見出公案的孰是孰非），暢所欲言，便其情可恤了。這也可以解釋成，孔氏是站在錢氏一邊的，是站在全中國遭受文革迫害者這一邊的。文革真是可怕呀！

一九九七年三月，《錢鍾書傳》一書作者孔慶茂，又在海南國際新聞出版中心出版了

《錢鍾書與楊絳》一書，在書中再度引用了他在《錢鍾書傳》中所寫關於錢氏一九七九年在美國史丹福大學大罵馮友蘭文革中出賣朋友的該段文字。但是，唯一不同的是，在《錢鍾書傳》中「致朋友迫害而死」一句經易為「致朋友被迫害而死」，一字之差，隨著歲月的推移，似乎「真相」已經呼之欲出了。孔著《錢鍾書傳》曾被一再重印，而被評為「全國優秀暢銷書」，總印數高達十餘萬冊，不但「致朋友被迫害而死」一語不徑而走，廣為人知；而且，我原文中「馮友蘭最不應該的是出賣朋友」一句，竟遭孔氏續加的「致朋友被迫害而死」變成了一個長句。於是，著者有意，讀者有心，自然難免宗璞女士在如此尷尬的境況中，不得不挺身而出，向困在病中的錢鍾書先生的夫人楊絳女士，發動一場文字公案了。

馮楊爭論爆發！

一九九八年七月，宗璞在天津出版的《文學自由談》雜誌上發表了〈不得不說的話〉一文，對公案發難。文中，她表示知道當年錢氏在美狠批其父馮友蘭，是在一九九七年春間讀到孔慶茂《錢鍾書傳》之後，並聲稱孔著文字是因為先有美國姓莊名因其人對錢氏在史大座談的報導文字。但是，他說孔氏所用「致朋友迫害而死」一語，並不在我當年報導錢氏在史大座談的文字中。下面是宗璞女士在其〈不得不說的話〉一文中有關的重要文字：

這樣白紙黑字的謾罵，還是第一次見。我認為有必要立即與錢鍾書和楊絳先生聯繫，問清情況……乃於去年十月，向楊先生提出此事（按，斯時錢氏臥病在床，不能言語），並希望她婉轉向錢先生問明究竟。楊先生拒絕去問，堅決否認錢先生曾說過上述的話。……鑒於上述情況，作為馮友蘭先生的女兒，我要在此鄭重聲明，『出賣朋友，致朋友迫害而死』、『坑人使妻小俱死』云云，毫無事實根據，也無旁證。……它純屬誣蔑、不實之詞。既損害了馮先生的名譽，也給馮先生的遺屬造成精神損害。此等中傷，自顯其惡。日月昭昭，天人共鑒！

宗璞女士的文章發表以後，因馮、錢二氏在中國國內，甚至國際間，均屬文化界「大老」，享有高知名度，公案遂似野火燎原，快速的傳播開了。於是，楊絳女士接招，於同年八月寫了一篇答辯文章為回應，發表在九月五日出版的上海《新民晚報》及《文匯讀書周報》上。在文章的起首，她說：

宗璞根據傳說錢鍾書的記載，曾一再來信、來電話，譴責錢鍾書訪問美國時誣蔑、毀謗馮友蘭先生。我也曾一再向她舉出事實，說明這事不可能。……我就遵照她的要求，公開說明錢鍾書不可能在美國誣蔑、毀謗馮友蘭先生「出賣朋友，致朋友迫害致死」、「抗人使妻小俱死」等話。

意外中了流彈

當我讀了宗璞與楊絳女士的筆墨與師與答辯的文章之後，基本的反應是我中了流彈。她們兩造之間的爭辯，似乎把我描摹成為一個無中生有、挑撥是非、陰險的小人，是一個大逆不道、罪有應得的罪魁禍首。使我覺得自己理應根據人權以為抗辯了。

我的抗辯是：

一、我報導錢鍾書先生的〈錢鍾書印象〉及〈關於錢鍾書印象的補充〉二文，完全出於我筆我手。憑我自己自認是一個維護言論、有專職訓練、崇尚自由、有良知良能、痛恨為非作歹的學人及文人。我的報導內容，絕無偽訛。令我稍感意外及好奇的是，我的兩篇報導文章見於一九七九年六月的臺北《聯合報》，按照常理，中國大陸文化界早應有人閱及並傳散，因為如此傳神敏感的事，太有意思了。但是，宗璞女士為什麼沒有立即向我這個始作俑者探詢究竟呢？再退一步說，她即使沒有見到我的報導文章，但在見了一九九二年孔慶茂先生的《錢鍾書傳》一書後，為什麼竟未「立即」向錢鍾書先生詢問呢？當時錢氏的健康甚好，不可能有口難言呀！為什麼一直拖到六年以後，在錢氏過世的四個月前，才向楊絳女士興問罪之師呢？這種時差上的算計，就不能不令人起疑了。

二、耗到錢氏健康狀況極差的時候，宗璞女士抓住良機，刻意向錢夫人楊絳女士窮追猛打，咄咄逼人，似乎太攻於心計了。

三、一九九八年一月，我突然接到一封投自北京大學的信。寄件人是蔡仲德，用的是有「北京大學」名義的信封。蔡氏我從不相識，也不知其名。看了信後，始知內容與宗璞、楊絳兩造的公案有關。我在此把蔡信一字不漏的公開，以求存真：

莊因先生：

馮友蘭先生的女兒馮鍾璞（宗璞）是我的妻子。現受她委託寫此信。請恕冒昧。

此間近出現《記錢鍾書先生》一書，收錄了閣下一九七九年六月五日、二十六日在臺灣《聯合報》發表的〈錢鍾書印象〉及〈關於錢鍾書印象的補充〉（見附件）。兩文中記敘了錢鍾書一九七九年在史丹福大學亞洲語文系座談會上的講話。其中，對馮友蘭先生作了駭人聽聞的造謠中傷。因錢臥病在床已數年，不能與之對話。經與其夫人楊絳聯繫，楊絳矢口否認錢說過這樣的話。並說，馮先生是錢的五大恩師之一，錢絕對不可能作此語。若如此，則有那些惡語的作者是誰的問題。我們寫此信，想了解您對您的文章有無更正或補充。我們希望維護歷史的真相，想來您會給予幫助。

舍親馮鍾睿與令弟相識，尊址即由鍾睿告知。

春節將臨，即賀

春禧

蔡仲德叩

一九九八年一月十日

蔡信是書於一九九八年一月。何以宗璞女士委託其夫寫此信，我的臆想是：這可能是宗璞女士的如意算盤，萬一我閱讀此信之後，果如其預想，會寫出一篇對於一九七九年見報報導錢氏在史大座談所撰二文關於錢氏批斥馮氏的「更正」或補充，那麼，一切都因我「無中生有」，嫁禍錢氏，那麼，她也就無此必要向楊絳女士開火，鬧得沸沸揚揚了。果如此，她也就可以高枕無憂，不會在一九九八年的七月，發表〈不得不說的話〉一文於天津的《文學自由談》雜誌上了。

蔡信中稱，他與楊絳女士聯繫，而楊女士矢口否認，於是他筆鋒一轉，說「若如此，則有那些惡語的作者是誰的問題」，這顯然是有所指，是指我在惡語傷人了。蔡氏又說「我們希望維護歷史的真相，想來您會給予幫助」，這也就是我要將蔡信公諸世人的原因。不僅如此，我還寫了一封長信給蔡仲德先生，現在一併公示於此：

仲德先生：

今天（因學校昨日放假，加上兩天的週末假期）接到您一月十日的信，十分驚訝！我同時也收到您附來〈錢鍾書先生印象〉一文的影本，謝謝您。

該文確為我所寫。但如您在信中所言，似乎感覺是我「對馮友蘭先生作了駭人聽聞的造謠中傷」，這就不能不令人吃驚了，不能不令人大惑不解了。

我立時的感覺是，文革雖說已經過去，然則，意想不到它竟是死灰復燃，吹散到太平洋此岸的美國來了。這難道不是怪事嗎？我一生正直為人落磊恢閎，對於造謠生事深惡痛絕，而今竟然有人說我口出惡語（見先生來信），實在令人遺憾更感痛心。對於「文責自負」的理念及認識，我在美國，是非是非常清楚的。這裏不是中國，可以胡言亂語而不負責。這裏沒有那樣的個人自由。這裏是一個講法理的地方。魯迅先生在其大著《阿Q正傳》中藉阿Q說過這樣一句話：「你怎麼可以憑空污人清白？」

我在一九七九年臺北《聯合報》上所寫的文章，是結結實實的嚴正報導，沒有半點揑造、揣測和中傷。您說錢先生不能與之對話，於是就想到這是我造謠、惡意中傷，這樣的推理，太可笑了，太不合常情了。我相信，凡是那天（一九七九年錢先生在史大的座談會上）參與的人，都會證實錢先生是否口出「惡言」或者我是否「惡意中傷」。說真的，一個在自由世界受過高等教育的人，做事必根據原則，不可有像文革時代四人幫搞的「莫須有」罪名。錢鍾書先生說了什麼，我就報導什麼；他沒有說什麼，我也絕不會無中生有。在中國大陸，那腥風血雨時代鬥臭鬥垮的行徑，這裏是沒有的。如果有，那是要吃官司的。您是北大教員，文革過了，應該十分清楚才對。

錢先生一九七九年訪美，為什麼會在本校本系的座談會上，對馮友蘭先生作出您說的「造謠中傷」，我不清楚。馮、錢兩位有過什麼樣的過節恩怨，我也不知道。不過，根據常識，我認為錢先生不會「無的放矢」的。他可以在一個海外的著名大學作出那樣輕率不負責任的講話嗎？您在信上說，因錢先生已不能說話，故不能請他澄清。於是，證之於錢夫人楊絳女士，並稱楊女士說「馮先生是錢的五大恩師之一，錢絕對不可能說過這樣的話」，這太可笑了，太奇怪了，也太不合邏輯了。在中國六十年代的文化大革命，人人為己，連骨肉親情都可以不顧，遑論「恩師」？據我自己合情合理的估計，是因為錢先生受夠罪了，憋得太久太苦了，才發出那樣的呼聲來。我讀過楊絳女士的《幹校六記》，也讀過不計其數的文革報導，我可以想見。所以，錢先生那次的反應，對我來說，一點也不「駭人聽聞」，而是太可理解了。

錢先生是一個文人，他早年在其小說《圍城》中，都可能設想人物來譏諷時政與人際關係，如果真有其事，他焉會又焉可放過？您在信上說，楊絳女士「矢口否認」，那麼，她為什麼不向我興問罪之師呢？難道是她授權給您來出面嗎？按照常識，您是馮先生的親戚，如果講「法」，那您就絕對要避開嫌疑，請求律師出面，蒐羅證據，而不是逞匹夫之勇。錢先生在那次史大的座談會上對馮先生作了不中聽的批評，您又是馮先生的親戚，心中不免忖忖不安，這可以理解。您的夫人當然更其不安，這也更可理解。但是，我們必須對「真理」有信念。我的良心、我的人格、我的專業訓練、我的知識，都不允許我做出違背自己的言行來。所以，也請您不要以文革的口氣，說我曾出「惡語」，而把那樣下流的恫嚇擲到美國來。您也是高級知識分子，怎麼能夠不「文責自負」呢？

如果我的那篇報導文章是「無中生有」，中國大陸的出版社絕對不會出版《記錢鍾書先生》那本書，而我的文章自然也不會附在其中了。馮先生及尊夫人就不會蒙羞了。可見，事有公論，黑白是非，正直歪曲，大家自有其看法。

我在前面已經說過，文革早就去得很遠了，我們不要再讓文革的死灰再復燃飄散了。正如您在信上所說，「我們希望維護歷史的真實」，我所寫的，就是歷史的真實。那麼，就讓我們一塊兒來維護歷史的真實吧！我對於您對我的猜測與攻擊，保持追溯的權利。我希望此事到此為止。「說實話」的傳統美德，不幸在中國大陸的文革中被革掉，令人痛惜可憐。

您信中附來的影本中的最後一頁上，英文原文應為"Feng's name is now stinking in Peking University"，不是 Atinking [sic]，請予更正。Stinking 者，「惡名昭彰」之謂也。

專祝

戊寅春節年禧

莊因

一九九八年一月二十日

上信自投出後，迄未見有任何回音。我於事後，幾經考慮，給楊絳女士也寫了一信，並將蔡氏原信影印附去。信是這樣寫的：

楊絳女史：

前些日子收到北京大學蔡仲德先生寄來一信，完全文革口氣，對我恫嚇威逼，太可笑了。我已回了一信（儘量婉轉說），因內中與您有關，故將有關資料寄您一份，證實確有此事之發生。

鍾書先生及您，都是我心儀的學人作家。把如此的事向您報告，很覺無聊。就算是歷史事件吧。戊寅春節將屆，順此遙祝

佳節吉遂

鍾書先生請代致意

後學　莊因敬上

一九九八、一、二十四

給楊女士的信投出後，一九九九年一月八日，臺北《聯合報．副刊》編輯王開平先生打電話來，詢以馮、錢兩造在中國大陸打筆仗之事。我說，錢先生業以謝世，這樣的筆墨官司也該風平浪靜了。筆仗打得風風雨雨，沸沸騰騰，我無意攪進去。馮、錢之間的恩怨及關係，我不清楚。我只是不希望自己成為中了流彈之人。是此，我在此花費如此多的筆墨，細說馮錢公案原委，就是要把來龍去脈釐清，留個歷史真相。

對「公案」的分析

在我所看到讀到有關「錢鍾書公案」的報導中，分析最為公允、持平、詳盡的文章，是刊於一九九八年九月三十日北京《中華讀書報》上，署名穆正平先生的〈楊絳、宗璞筆墨官司的來龍去脈〉一文。作者在文中「分析莊因的文章」一節中，這麼寫：

> 宗璞先生在文中，對莊因文章中「馮友蘭最不應該的是出賣朋友」、「捏造事實，坑人使妻小俱死」等語，表示氣憤。
>
> 但是，這些話裏面並不存在所謂「致朋友迫害而死」的字樣。「致朋友迫害而死」是孔慶茂書中的話。而這句話與莊文所謂「坑人使妻小俱死」意思顯

然是不同的。後者是說殃及朋友的老婆孩子死了，前者是說殃及朋友受迫害而死。

現在可以確認，所謂「致朋友迫害而死」，確實是杜撰之辭，錢鍾書根本就沒有講過這句話，莊因也根本沒有作過這樣的記載。講這話的，除了孔慶茂，找不出第二個人。

問題在於，儘管錢鍾書沒有講過孔慶茂所謂馮友蘭「致朋友迫害而死」的話，那麼，他是否講過莊因所謂「出賣朋友」、「捏造事實，坑人使妻小俱死」呢？對這句話，宗璞先生指出，它「毫無事實根據」。楊絳先生雖然根據宗璞的私人信函，說出了一個「章廷謙事件」，卻沒有透露具體內容。因此，我們也就不好妄測。但是，有幾個問題，卻是值得提出的：

第一，所謂「出賣朋友」，是否指章廷謙或章廷謙事件？莊因的原文是：「在座有人問馮究竟出賣了哪些朋友，錢鍾書卻不願指出姓名。」

第二，如果莊文所記是無端捏造，那為什麼二十年來錢鍾書楊絳一直不闢謠證偽呢？沒有見到莊文嗎？不可能。據孔慶茂《錢鍾書傳》一九九五年一月第三次印刷的〈再版後記〉記載：「本書出版後，錢鍾書先生曾在信中糾正了幾個錯誤之處。……上次重印，我曾稍加改動，這次又作了一些修訂。但是，『致朋友迫害致死』云云並未予以『糾正』。」可見，即便錢先生當初未見過莊因原文，也通過孔慶茂的書，知道莊文並了解其內容。

第三，錢鍾書講話時，莊因就在現場，屬於當事人記當時事。假如錢先生並沒有講那些話，那麼，他跟錢先生前世無冤後世無仇，而且對錢先生極為佩服，為什麼要赤口白舌，在時隔不足一個月的事後，就悍然瞪眼胡說，並不惜得罪錢、馮兩家，杜撰錢鍾書誣謗馮友蘭的文字呢？

第四，錢鍾書座談時，楊絳先生並不在場，又怎麼得知錢先生未講那話呢？

穆正平先生認為我所寫錢氏座談會講話的報導，其中「值得提出」的問題的第三點及第四點，十分合乎邏輯，具有法學觀念，更具常情。他表示出大陸上受文革不良影響，只顧個人利益，蠻悍批鬥他人的歪風，應該停止。這種明確然未言明的態度，令人敬佩。

「失落自我」的馮友蘭

穆氏文中，還提供了一些資料，讓讀者得以研判錢氏是否有指斥馮氏的可能。我歸納出：

一、據宗璞女士的夫君學者北大教授蔡仲德所編著的《馮友蘭先生年譜初編》一書，一九七三年十月，江青領導北大、清華兩校成立了大批判組，特邀年近八十的馮友蘭為顧問。馮氏後來刊布了許多大批判文字，深獲毛澤東賞識而流傳全國。因此馮得到江青的會見。蔡仲德在此書中總結說，從一九四九年到一九七八年，是馮友蘭的「失落自我」時期。

二、馮友蘭本人在其《三松堂自序》中，談到他自己在文革後期的情景時，是本著「修辭立其誠」的態度，極為誠懇地寫道：「我在當時的思想，真是毫無實事求是之意，而有譁眾取寵之心。不是立其誠，而是立其偽。」

這樣的一個「失落自我」的馮友蘭，在當時文革的大環境中，受到毛澤東及江青的賞識倚重，我們試依據常情推想，其自得、其有恃無恐、其陷人於不義，甚至「致朋友迫害而死」，是非常合情理的，這樣的可能性是非常之高的，高到幾乎八九不離十了。

現在，讓我們再來看看錢鍾書是個怎麼樣的人。

一代鴻儒錢鍾書

錢先生是清華大學畢業生。當年清華入學考試，他的數學只考了十五分，是被校方破格錄取的。破格錄取的原因，是錢先生的國文及英文兩科的成績都是特優，而且英文得了滿分。在清華求學時，他以專門挑剔教授聞名。大名鼎鼎曾任北大教授的周作人當時出版了《中國新文學的源流》一書，洛陽紙貴，卻被錢氏挑出了許許多多錯誤，令周氏相當尷尬。清華畢業那年，他所就讀的外語系成立了研究所，多位教授都希望他留校深造。但是，狂狷的錢氏卻說，整個清華大學無一位教授有資格作為他的導師。這一點狂狷的性格，頗類似當年臺大棄歷史研究所自師的李敖。

一九三五年，錢氏以總分第一名的成績，考取了政府教育部第三屆庚子賠款公費留學，赴英國牛津大學攻讀。一九三七年，他謝絕了牛津大學的講師(Lecturer)約聘，與夫人楊絳赴歐陸遊學一年後返國。在香港下船，即受聘西南聯大外文系教授，二十八歲便開始了教書生涯。一九四九年，中共建國，他先後謝絕了臺灣大學及香港大學的教授聘約，逕返北京就任母校清華大學的外文系教授。稍後，轉任北大教職。一九七六年，「中國社會科學院」成立，轉任該所研究員。

一九五七年，反右派鬥爭登場，至一九六六年文革成型，錢氏身遭浩劫。一九六九年，他被下放到河南農村，至一九七二年，在荒廢了十年的光陰之後，方被「特赦」回到北京。自此，開始了他那本鴻實的學術巨著《管錐編》的寫作計畫。一九七九年，洋洋百萬餘言的《管錐編》問世，書中徵引了中外四千餘位作家上萬種作品，包括七種外語。此書使錢氏得到「一代鴻儒」、「文化崑崙」的美譽。

錢鍾書有句名言：「大抵學問是荒江野老屋中二三素心人商量培養之事。朝市之顯學必成俗學。」為了免俗，他要做真學問，以達成自己真正的名山事業。於是，當然他會展現出與常人相異的個性與行為。相異的個性與行為何所指？那就是錢氏自己常說的「人謂我狂，不知我之實狷」。狷者，耿介自守，不苟合也。所謂「狷忿」，就是躁怒，責罵人，自然不免。

這樣的一位狂狷文人錢鍾書，把心中因文革累積的一番忿怨，在海外吐出，這就太情有可願了。他只責罵馮友蘭，而並未言出馮坑人是誰，已經十分保留了。為他寫傳的人，藉此一吐心中沉鬱，更是可解。

中國人，不要再撕扯扭打了！

我在酒蟹居中，有一幅自製的聯語：

有黑白豈可顛倒黑白，無是非切莫招惹是非。

我就在此錄下，期望一場馮錢公案，到此收場，不要再蔓延生枝了。我有一位好友，在錢鍾書公案發生後，曾寫信給我說：「文革真是一場大災大難。一句話，或無心的話都可能造成大傷害。錢先生在美隨口說，竟也產生了這麼大的災難。咱們真是幸運，能避過了那場大災難。」

有兩句詩，我一時忘記是何人的了，說：

度是春風常長物，心如秋水不沾塵。

展開心胸，高瞻遠矚，世界仍很美好！

閒話林雲

初識林雲

在灣區，佛門密宗黑教傳人林雲大師居士，其弟子門人咸以「二哥」尊稱呼之。連我的臺大同門師兄鄭清茂教授的夫人馮秋鴻大嫂亦不例外。她是「二哥」不離口的善緣弟子。

我初識林雲大師是在一九七六年七月一日。他自香港訪美回程返港的前夕造訪酒蟹居。他的投訪，是因為其尊大人與我岳母林海音女士的父親林煥文同為當年旅居北京的臺灣人。林雲那天在我們酒蟹居的嘉賓留言簿上這麼寫：

雲石此次來美，麻州（鄭清茂）曰可居，威斯康新（劉紹銘）二殘齋，加州酒蟹居，皆書房也。余過而宿之，雲石久未讀書，或可藉書香以為薰陶也。是為此行之至樂。

我對他的初識印象是北京話字正腔圓、為人處世極是謙藹和順。

後來他移民來美，在舊金山海灣區的柏克萊成立雲林禪寺，廣宣佛門密宗黑教教義，極獲稱讚，信之者眾。現在不但早已名揚美加歐陸海外，即便臺、港、東南亞洲及中國大陸，其名聲亦著。因其宣講之密宗黑教義理，學界有人斥之為「野狐」。又因其名揚寰宇，竟以「江湖術士」目之。

我對任何宗教都不深信，更無癡迷之情。但我從不信口批評甚至斥責。我與林雲結交，不但由於他與我妻係父執之傳，更因他與我從不過口宗教，我們是以學養與氣質彼此納交。其實，林雲是可被稱為聰慧兼有異稟，口才佳，博聞強記，既詼且諧的朋友。茲例舉數則小事以明。

實例一

某次酒蟹居宴客。在座有林雲大師、史大同事劉若愚教授及高恭億教授二君及他人。劉先生向林雲敬酒曰：「聽說您無所不知。我有一事久久在心，不知您可否道出？」飯後二人去我書房掩門密談。約十分鐘後二氏步出，但見劉先生緊隨林後，搖頭以不相信又不得不信，少有之懇切語氣連說：「真是大師功力。佩服！佩服！」客中有人不禁問劉氏所詢何事，如此讚嘆。劉先生笑謂：「我有一天大祕密，今為林大師道出。此事從未語人，包括我妻。今天你知我知之人，世上僅林、劉二子而已。」

實例二

林雲大師曾以其墨寶一幅見贈，硃筆書甲骨文「光明」二字並附摹各家筆意。上款題字是「莊因方家雅屬美麗外行哂正」，我妻的直言不諱但大方受教個性為林雲幽默一筆道出了。

實例三

某次應邀參加弟子為大師設於金山之謝師宴。餐後客人一擁而上，爭相請求大師指點祕方解惑。某衣飾華麗之貴婦人嘐嘴以不屑口氣出語：「搶個什麼？應該首先看我。」林雲聞說回應對我道：「咕弄什麼？事有先來後到，不必擺譜。要想求問，就乖乖恭候等著。」

實例四

某次清茂秋鴻兄嫂自美東過金山返臺，落腳酒蟹居。次日，鄭、莊兩對夫妻赴柏克萊拜望林雲。清茂與我跟主人談文說藝甚歡。長談之不足，大師更叮囑弟子在其書齋備文房四寶，邀約我與清茂揮毫為樂。三人聯句得一俚詩：

仙家飲酒不學禪，（莊）
佛家無酒信前緣。（莊）
是仙是佛都不管，（鄭）
禪緣只在有無間。（林）

豈能盡合君意，但求不愧我心

灣區家中壁懸大師墨跡者多有。Cupertino市中國餐館「大鴻福」整牆滿壁都是大師題字，有似個人書展。久未與林雲謀面，近聞其外出都坐輪椅，想係弟子爭製美食進獻，而導致大師飲食失衡，體重日增。高人智慧詼諧如林雲者，能不察乎！

我們平時臧否一人，重點多設放於其言行表現較突出方面。再加上評論之人個人專業學識之殊異，及其難免的主觀好惡意識之偏導，

在柏克萊雲林禪寺，莊因（右起）、林雲、鄭清茂舉三人聯句合影。

每每或有稍顯唐突失據之可能而不自察。言林雲之為「野狐」「妖僧」「江湖術士」者，我認為多少受到此等不必要的干擾。蓋此等語彙往往有激情作用。換而言之，可能過於偏頗。這些語辭皆有以偏概全負面語意引向。「術」「狐」「妖」都係陰詐形象。學界之中，每有自恃高級學位，為投迎社會各層之一般愚昧所好，故有意利用此形勢而作夸夸之言，蠢蠢欲動，迷惑輿論，以遂私心，以達目的者，我們逕以「野狐」「妖言」「術士」呼之，倒也罷了。水能載舟，亦能覆舟，切切不宜以主觀之好惡及不熟稔之方面所學為出發點，出言輕率。慎之哉！

大師曾撰有聯語一聯，曰：「豈能盡合君意，但求不愧我心。」可謂對攻訐之人幽了一默，兼也自嘲罷。

指手畫腳陳庭詩

畫家陳庭詩於某年秋間造訪，並在酒蟹居留宿一夕。陳庭詩是當時臺灣藝壇知名現代派抽象畫家。與我三弟莊喆相識。他因有疾不能言語，於是沉浸在藝術中提煉自己。他那次來訪，我們性趣相投，談藝論道，頗為愉快。他每每談說亢奮，遂揮筆疾書（以筆談代言談），口中「唔！唔！」有聲，令我感佩無已。我們的筆談紀錄多達數頁，但屬「佳話」，當無可疑。

庭詩不但攻西畫，他的舊學基礎其實甚厚。能文、能詩、能書。我在酒蟹居煮酒烹蟹接待，他酒量甚好，一飲數杯。酒酣之後，索取筆墨顏料，即席繪出酒蟹圖一張為贈。他對我以酒蟹為居名，頗為同意，尤其對白石老人題畫「有蟹有酒，君若不飲何其愚」二句，大為讚賞。他的「性情中人」的個性坦率無遺，也讓我們彼此一見如故。

八十年代中期以後，便與庭詩兄斷了音訊。後來聽說他獨居臺中鄉間，除勤繪不輟外，又從事雕塑，生活與世隔絕。如今究竟怎樣，無從知曉，傳聞於二〇〇二年過世。但願「有蟹有酒，君若不飲何其愚」仍為他深喜，

1985 年，陳庭詩（左）與莊因夫婦合影於在臺北舉行的「莊氏一門」展會場。

除在他幽居的家中自得其樂以度人生外，在天上也以「不愚」自娛。

不痖的痖弦

數年神交，一見如故

一九七五年，我此生第一本創作文集《金魚缸裏的黃昏》（小說與散文合集），就是痖弦（王慶麟）擔任「幼獅文化公司」出版社社長的時候出版的。自己的作品有行世的機會，是文人必然難以抗拒的誘惑。我一向默默耕耘，從未與新聞界、出版界人士有任何主動來往，而怎麼我的東西竟為痖弦（素未謀面，僅知其文其名）「相中」，而我又是如何厚顏應允的，都不復記了。一九七七年，痖弦來美，過金山偕其妻橋橋來訪，在我們的嘉賓留言簿上寫下「莊因痖弦，神交數年，一見如故」十二個字，可說是不可解的恰當解釋。

當然，在他任職《聯合報・副刊》主編期間，我向他提供稿件，從未經刪改，更無退稿，都如數刊出。他對作者朋友的尊重和信任，令人欽佩之至。我的那篇肇事惹禍的「錢鍾書公案」報導文章，就是在他的任內「出事」的。

〈聯副〉，在他的手下，可謂輝煌登峰時期。向文化界約稿，請書家為〈聯合副刊〉題簽，邀海外作家學人撰稿、闢擬專題，從優稿酬、追趕時序，都是他的策劃。

瘂弦酒量極好。有一次他在酒蟹居飲到醺然程度，自動以河南鄉音唱出〈粉紅鳳凰〉俚句豫曲，精彩之極。他的詩作雖不多，但行世者篇篇耐讀。遣辭精深，風格醇厚。瘂弦說話，有時非常詼諧。比方說，一九九〇年代初期某次我返臺，他以半天時間陪我吃喝並到臺北西門町一帶遊逛。指著漢中街曾是幼獅出版社的那幢樓房對我說：「那裏就是出版你的《金魚缸裏的黃昏》一書的地方，現在是賣牛肉麵的店面了。金魚缸裏的黃昏更其黯淡了。」

挺那什麼的

父親在世時，對他的同事梁廷偉先生常說的一句口語「挺那什麼的」，瘂弦極為欣賞。因為，有時對形容某事會突然語塞詞窮，找不到極為精妥的詞彙，便以「挺那什麼的」一語帶過，留給聽者極大的想像空間和轉圜餘地。瘂弦某次與父親及朋友出遊淡水，經父親提起，他覺得非常有意思，當面邀請父親以「挺那什麼的」為題寫了一篇短文在〈聯副〉發表。

鶼鰈情深的瘂弦與橋橋

一九九九年五月二日，瘂弦橋橋自加拿大溫哥華訪美，在酒蟹居留宿。他倆在我們的嘉賓留言簿上寫：

咱華人之家園是獨立家屋。關著門是中國，開了門是外國。天天天藍，藍久了也煩。最好的辦法是兩口子互為中國。輕憐蜜愛之外，另有一番文化的互動。相看兩不厭，只有酒蟹居。

瘂弦　一九九九、五、二

什麼是幸福？美麗一手打理的這個家。酒蟹居的日子，即是幸福。

橋橋（瘂弦恭錄）

2002年瘂弦（左二）來美西演講，橋橋（左一）同行。此次也是我倆與橋橋的最後一見。

二〇〇二年瘂弦與橋橋再訪美西時，橋橋健康情況已不太好。瘂弦為她提著氧氣筒四處行走，她仍然談笑自若，表現出對生之慾絕不認輸強力的執著與自信，令人感動欽佩。數年後橋橋過世。瘂弦在橋橋生前，對時人用手機打電話曾有極為妙絕詼諧的言說：「這傢伙（手機）真好。太太打電話給你，天涯海角，永遠找得到人。但是她永遠不知你身在何處。也永遠不知你所會何人。絕了。」

從此以後，除了天國之音，橋橋大約不可能再用手機與瘂弦天涯海角通話了。

後期詩人楊牧——王靖獻教授

女曰雞鳴

一九七七年十一月二十六日，楊牧來訪酒蟹居。那時他已自柏克萊加大畢業後執教的麻州州立大學轉任教職於華盛頓州西雅圖華盛頓大學。次年六月十五日二度下榻酒蟹居。那時，他已決定同年九月前往東岸，到普林斯頓大學擔任為期一年的訪問教授（Visiting Professor）。他在嘉賓留言簿上寫：

今日自柏克萊駕車至，痛飲酒、寫〈女曰雞鳴〉。

我記得十分清楚，他那次來，神情有所失。痛飲啤酒，長吁短嘆，似都與和夫人陳少聰離異有關。濡墨揮毫書寫《詩經・女曰雞鳴》詩，就是對過去的婚姻一種難掩的失落感。美麗在他返西雅圖行前為他清洗衣物，他聽聞洗衣機的震動聲時，抽著菸以非常沉緩無奈的口吻對她說：「聽見這聲音真好。」我們從未問過他與少聰離異的細節和端由，但我們清清楚楚感受到他對那一段過往愛情的逝去有一定程度的戀念。否則，他就不會索紙筆寫〈女曰雞鳴〉的。抽菸飲酒、長吁短嘆，應已夠了。

同年八月一日，就在他去普大行前不久，三度來酒蟹居，住了長達兩週之久。我們的酒蟹居嘉賓

1991年楊牧（左）回柏克萊開會，大家相約見面合影。

留言簿上，他在離去前的十四日那天這麼寫：

> 七月一日，楊牧去而復來，寄莊二酒蟹居籬下達二周之久。飲酒吸烟，掃花歎氣。美麗遇之有漂母施飯之恩，惡客愧無干城之才。平生流竄，莫此為甚。史稱「先機悶他立汝木之亂」（按，「先機悶他立汝木」為英文 Sentimentalism 一詞楊牧做日語音譯之漢譯）。

「平生流竄，莫此為甚」，正是一語道出「此情難遣」的尷尬。

盈盈笑盈盈，美麗說美麗

楊牧就在他「流竄」到普林斯頓大學客座的這一年，與出身臺北復興劇校的刀馬旦夏盈盈小姐成婚。我們事先一無所悉，知道的時候已是二月了。二月十日，他攜新夫人來訪酒蟹居。那天酒蟹居的座上客，還有臺大歷史系教授張忠棟。酒蟹居主人準備了上好花雕及清蒸大蟹待客。飯後，張、楊、莊三人在留言簿上寫下了一段公案。

楊牧首先執筆，他寫：

張鴨子（按，忠棟兄嘴型突出若鴨喙，故友人蓋以此為其綽號而逕呼之）曰：

「花雕怎樣怎樣，螃蟹怎樣怎樣」拙荊不敢盡錄，因代書之，惶恐不已。

張子（忠棟）注：

「花雕怎樣怎樣」，尚可；「螃蟹怎樣怎樣」，極差。

莊（因）疏：

「尚可」者，謙辭也；「極差」云云，反訓也。

楊牧補注：

尚，猶言大也。孔穎達曰，《尚書》，言其書之大也。差，池也。《詩經》云「參差其羽」，差音池；池，潢水也，水之深者也。此言主人之情深若池水也，或言螃蟹之為深水海鮮也。

莊贊：

Wonderful! 蟹行文字，言賓主盡歡，猶蟹之橫行無憚也。爾汝之交，快人快語，此言不虛也。

張辯：

莊疏楊補，皆胡言也。張注簡單明瞭，並無他意，讀者其察之。

莊按：

御期待，次日大公開（日本電視連續劇常用語，つづく——待續）。

次日，張子曰（有詩為證）：

莊疏楊補盡胡說，還是張注最真實；
盈盈觀罷笑無語，美麗再備酒蟹吃。

莊因為此公案作結：

一九七九年二月十一日，晨八時，酒蟹居主人送楊牧盈盈之普城，公案至此已了。正是：

盈盈笑盈盈，美麗說美麗；

二姝未參與，三子無聊極。

忠棟兄當年貶評國民黨甚盛，俟民進黨成立，立即辭去國民黨黨員身分改投入該黨。當時友輩頗為不解。然他執意甚堅，不為外言鬆動。殊知民進黨成立後，格局狹隘，迄未能超脫省籍情結之囿限。忠棟兄一片摯誠，竟不為民進黨接受。他於過世前曾告訴我，小人當政，不可為也。他真是所投非人，空辜負了一片心願和錦堂風月。

忠棟學長投身民進黨默默以終，令我想起了二十世紀在柏克萊結識的一位文質彬彬有「金童」之稱的金恆煒來。

「金童」金恆煒

五四文人風的「金童」

恆煒當時在灣區，是臺北《中國時報》駐美西金山灣區的特派員，時與灣區文教界的華人過從。他是學歷史的，體型不高，言談有序，條理分明。戴一付金絲邊眼鏡，入冬後總是一條圍巾纏繞項上，如果穿了藍布長衫，確乎頗有五四時代的典型文人模樣了。由於他的年紀正彷彿五四時代的北大青年，故而大家遂以「金童」呼之。

恆煒於二十世紀的八十年代早期返臺，繼高信疆之後擔任《中國時報・人間副刊》主編。他曾鄭重向我約稿，希望我能以章回體小說寫海外華人學界的「儒林新傳」，敷說海外中國學人的一般生活、情思、與政治上的苦悶感。我應允邀稿，寄給他一篇〈楔子〉，但經過再三考慮，感覺牽涉的人事太多，雖非真名實姓寫出，終有成為明眼人中的過街老鼠之虞，乃向他陳明此意，不再續稿。他得悉之後，來過數信催逼，我不為所動。恆煒在信上說，編副刊工作極為艱鉅，大報社如《中國時報》，不知為何，副刊竟成了最受指責的對外發行。用他的話是「戰戰兢兢，免得一下子成了眾矢之的」。他慨乎言之說：

「遙想以前在灣區喝酒聊天，恍如夢中。與友朋聚會時，請代我大口喝酒，大塊吃生魚，一消馳想之塊壘。」

一失足成千古恨

我收到恆煒任《中時・副刊》主編時給我的最後一信，是該年六月初旬。「儒林新傳」胎死腹中，一直是我對恆煒最大的歉疚，這也是我此生言而無信的憾事。從那以後，雙方失去聯繫，他何時離開《中國時報》，何時投身民進黨，都一無所知。我一向不熱中政治，對於恆煒的「大轉移」，只替他捏了一把冷汗。試想，像他那樣文弱儒雅的五四型知識分子，要在臺灣如獅虎圈中的政壇蹚上一腿，摻渾在污水中跟一廂情願的所謂「同路人」並肩向國民黨挑戰，既無臺籍背景，又不諳臺語，就單憑血性、熱情與理想，伸出細嫩的胳膊，兩面受敵作戰，真是太危險了。對自己一廂情願、無愧無悔的天真樂觀浪漫想法與作為，似乎是稍微大膽的高估了自己吧！果不其然，在與恆煒失去聯繫的二十年後，在灣區一次中文電視臺的臺灣新聞中，我看到了當年的金童恆煒，出席一個談話性節目，仍然是保有當年在灣區所見的五四知識分子模樣，只是面貌似乎有一層政治遲疑的影子，也仍然戴著一付金絲邊的眼鏡。但是，大大出乎意料，看見他在節目上竟遭人毆打，金絲邊眼鏡打落了，臉面也破了相。我立時感到，這真是「一失足成千古恨」呀！恆煒若是返臺後繼續留在《中國時報》工作，而非踏上政治第一火線上陣，只以文字為武器，為民喉舌，廣交各方良友，他的清新五四知識分子形象，當不會遭暴徒無情搗毀的。又，如果他當年考慮滯美不返臺北，盱衡大局，寧可作一朵盛開的「失根的蘭花」，與一大批心懷故國棲遲海外的中國朋友，清談時政、臧否人物、詠志紓懷，大口喝酒，大塊吃肉，認清「內」「外」，每每「肴核既盡，杯盤狼藉，相與枕藉乎舟中，不知東方之既白」，作蘇學士東坡先生的逍遙，可能會稍顯落寞，但是，一覺醒來又清醒了。至少學血氣衝動的劉大任、陳秀美，及一大批投身中共大陸的青年朋友，及見情勢全不似心中所思所形，遂抽身拔腿而出，或像司馬桑敦，不與政府為謀，甘願棲遲天涯，都不必糟蹋自己。亂世之人，務必眼清心明，不可意氣用事，能不慎乎！

馬鳴風蕭蕭——記司馬桑敦

好散文的條件

司馬桑敦（王光逖）先生，是我當年在臺灣做大學生時，極為喜愛的報人及作家。

他的小說，我也讀過。但是我仍然覺得他的散文寫得更好。好的散文，我認為有兩個基本層面，一、就是不作形容詞寶塔式的堆砌，言之有物，文字清暢高明。我最不喜歡的散文就是口口聲聲愛呀、美呀、情呀那類濫情虛無的情的蒸發。就如加了過多奶油和糖分、發粉蒸出的饅頭，一點堅實的口感也沒有，一點性格也無。二、是情與理的適當調和，有用文字表現出的文學性。不無病呻吟，不咬文嚼字，清淡有味，令人神爽心怡。司馬桑敦的報導文學，社會性強，知識性豐，文筆也結實有致。他在我作為大學生的一九五〇年代，出任《聯合報》駐日本東京特派員。由於他的日文根底深厚，廣觸日本社會各層面，所寫的報導文章，不但屬於文化性，且非常耐讀，是好文章。

英勇抗戰

司馬桑敦少年時期就關心國家民族命運。對於日本侵佔東北（他的故鄉）懷有強烈的屈辱感。這一點，我十分欣賞。他愛好文學。一九三六年被《大北新報》聘為記者，後任該報副刊主編。一九四〇年春，滿懷救國豪情，毅然拋下新婚不久的妻子，跟幾個志同道合的朋友參加了冀魯抗日游擊隊。一九四一年因「抗日思想」罪被入獄，直至一九四五年方被釋放。一九四六至一九四八年在長春從事新聞工作。一九四八年後期到臺灣，一九五四年出任《聯合報》駐日特派員。一九七七年退休後遷美，住在舊金山灣區。司馬桑敦是一位學者型的記者。他的報導文章，分析透闢深刻，客觀允稱。趁他在日工作，同時期又在東京大學攻讀高級學位，且在東大開辦了中國史學講座，為時長達五年。

彷彿騎了烏騅馬的西楚霸王，還想衝出重圍

放棄了二十多年在日本江戶的記者生涯，來到美國，我知道那是因為他想在進入晚年的時候，定下來，呼吸自由空氣，可以紓寫他久矣真正想寫卻一直未能寫出的東西；同時說他一直想說卻無機無緣想說的話——他想辦報，搞出版，不受任何牽制，可以撒手去幹，完成自己從事自由文化事業的理想。可惜，也怪嘲諷的，三年金山海灣區的日子，宜人天時並未助益他的健康，意外的拂逆事件迭起，竟使他的健康更其敗壞。我感覺他彷彿是騎了烏騅馬的西楚霸王項羽，還想衝出重圍。但是，健康、異域新生活、國是、關情、歲月……這些因素，使他深陷情緒的泥淖之中。整個的背景，對他來說，像是彩霞滿天，原野雲低，朔風偃草，一馬昂首嘶鳴的蒼涼壯圖。

一場太久太遠的幻夢

我所讀到的司馬桑敦的最後一篇作品，是刊在一九八一年三月號香港《明報月刊》

上的那篇〈三郎、悄吟的「跋涉」歲月〉。在文中，他借二蕭（蕭軍、蕭紅二位東北籍作家）悽涼動人的愛情，和二十世紀三十年代的政局，襯托出他自己對於歲月的飛逝，理想的虛無縹緲和無告，及國破家亡的有生前景的憂憤。他說，當他在遠離哈爾濱千萬里外的美國西海岸，重新溫習二蕭合著的《跋涉》一書時，「真有一種人世幾回傷往事的複雜心緒，特別是當我翻閱二蕭關於那段戲劇性的戀愛時，更喚起我作為一個文學青年也曾流落哈爾濱的若干回憶。這簡直像一場太久太遠的幻夢，猛然間醒了過來，令你錯愕、驚喜，一時有些不知所措」。

「太久太遠的幻夢」，也許就是司馬桑敦早就以從事文學為志職的理想吧！當時他在關外流浪、跋涉，其後走遍大江南北，而臺灣、而扶桑、而美國，這段跋涉之途不知比二蕭的要遙遠多少。而就在他找到了機會，在異域邁入老境而有重做「文學青年」的良機時，竟然在一個新的跋涉長途的起站上倒下，於一九八一年七月病逝洛城。

匣中寶劍夜有聲

「不恭維，說真話。」是司馬桑敦對人、對事、對己、對為文的基本原則。

一九八一年四月四日，司馬桑敦先生來洒蟹居作客。我向他道及一九六四年我在澳大利亞旅居一年歲月中，因思讀司馬氏的文章（因該地無有臺灣華文報紙），於是央在臺的四弟莊靈用航空寄我一冊司馬桑敦的駐日通訊文章結集的《江戶十年》，寄費花掉了四弟月薪的八分之一。此事讓他極為動容，於是立刻從衣襟下的口袋中掏出鋼筆，就在我出示他面前的那本《江戶十年》上，寫下了這樣的字：

> 我受到了鼓勵，更其感到不安。謝謝靈、因二位先生。作者王光逖謹識。

沈從文曾自詡為「南蠻」，並以此為榮。司馬桑敦則流著一身東北佬的血液，他們都有堅韌不拔、不屈服的意志。而且二人都是帶有濃厚鄉土感的作家。中國自共產黨手中「解放」以後，沈氏知文藝從此不可為，於是棄文學創作轉為歷史文物研究；司馬氏則因迫於環

與司馬桑敦（左）在酒蟹居莊因所書〈赤壁賦〉前合影。

境轉而寫作分析研究報導的報告文學。他們永遠要求真實、真誠。我這麼說，再舉一個小例子來說明司馬桑敦其人，他真是一位道德勇氣充沛的作家。

司馬桑敦在灣區時，某次酒蟹居宴客，他與夫人亦為座上佳賓。因為膽囊經手術切除後，他忌酒節食，而那次竟也忘了戴上假牙。是故，進餐時備極艱苦緩慢。妻見狀於是以玩笑口氣說：「您真的是老得既沒膽（子）又無齒（恥）了。」未料司馬公毫不以為忤，展笑拍案道：「美麗，說得好。好個無膽無恥。幸好我丟了的是實物，勇氣和羞恥絕不缺少。所以，我還不老。」

這就是「匣中寶劍夜有聲」的司馬桑敦。陸放翁有詩句為「匣中長劍夜有聲」，我易「長」為「寶」。匣者，墓也；寶劍者，司馬桑敦手中之筆也；夜者，冥域也。這易過一字的七字句是說明：司馬桑敦死不瞑目，蓋猶有萬語千言欲一吐發而為文也。這七個字，似乎也正好描述了司馬桑敦的書與劍的性情。曾在灣區住過的金恆煒，在其悼念司馬桑敦的文內明言：「在世亂飄蕩中，要偶遂生還真還不易。固然，他死於二十年肝硬化的痼疾，而我毋寧相信他是死於理想的追求上。」我非常理解也非常接受恆煒的說法。恆煒還說：「中國近百年來一直在動亂中變遷，長期政治的動盪，使許多文化人在理想與幻滅之間掙扎與浮沉。無所不在的政治力量，籠罩一切。於此，個人的無力特別突現。」我更同意。

野馬，永不停蹄

司馬桑敦在四十九歲時出版《野馬傳》一書，但次年中央即指令內政部將該書查禁。心傷至深，大大影響了他久患的慢性肝病，而最終為此病奪去了生命。「東北佬」野馬司馬桑敦停蹄了。他的夫人金仲達女士所編的司馬桑敦紀念文集就以「野馬停蹄」定名。

其實，馳騁在大草原上的野馬何其多，並不只限司馬桑敦。一個現代國家的政府，到了不知自省，而時時刻刻以鉗制人民自由（尤對知識分子），誤導民眾，欺騙人民，以延續其統治，那其實就是歷史上「文字獄」的死灰復燃。野馬固然停了蹄，然而其仰天嘶鳴的聲音，劃破長空，停存在人們的耳際心上，卻是歷久不散的。白紙黑字的真實語言可以「獄」之，但空靈的呼喚就會順風飄散了。

岳家二老——何凡與林海音

此二人都是以筆名著稱的作家。前者（夏承楹）是我的岳父，而後者（林含英）則係我的丈母娘。

為臺灣社會寫史的何凡

岳父大人在《聯合報》上的「玻璃墊上」專欄，從我上大學的一九五三年（民國四十二年）寫到一九八四年停筆，前後長達三十寒暑。他對臺灣作出的「貢獻」，有人說他是為臺灣寫了一部「臺灣社會發展史」，舉凡身邊瑣細、讀書雜感、新知趣事舊聞，都筆耕不輟，且有豐收。其理情並重，言簡意賅，行文流暢，詼趣有致，用辭精允，很多篇章都可以作為學生的作文範本。評者對何凡的「文」，褒譽有加，我於此不再置喙。他的「自畫像」，任由行家去論評也已足。我僅在此陳展一點我對其人的生活速寫素描，給讀者一些側面印象。

既嚴苛卻溺寵又不聞不問

中國的長輩（此處偏指知識分子）對於下一輩，通常持有三種態度：一是嚴苛要求，二是溺寵，三是不聞不問。我的岳父對我，則是三者兼而有之。他的「嚴苛」，絕非肅容斂眉，高聲量的訓斥；也不是在半空中施設高標檻，看著你飛跨。但是，他絕對有一個知識上及行為上的固定尺度，要你去接受測量。他的「溺寵」，不是要讓對方瓦解自我，忘其所以，甚至胡作非為，而是極度關愛。他「對人對事不聞不問」，實際上是極端尊重對方，也信任對方。他對我不聞不問，臺、美之間大海遙隔固然屬實，但是實際上卻是對我這個「半子」的尊重信任有加。我認為這是岳父大人對人對事極其少有也極為珍貴而不同於尋常的態度。

要是大家都跟我一樣，那佛跳牆就沒人吃了

我與岳父大人同在一個屋簷下的實際共同生活經歷共有兩度，第一次是他於一九七八年夏天來美觀看設在洛杉磯舉行的奧運會，在酒蟹居小住了數日。第二度則是一九八〇年代後期我返臺在他臺北逸仙路的家宅逗留了十餘天。

跟一般國人很不一樣的地方，是岳父大人對吃的態度十分平淡。所謂平淡，是說他對國人一生花在吃上的時間、精力與錢財過多的實情，頗不以為然。基本上說，他的吃的哲學是簡單明瞭，經濟實惠，衛生營養，輕而易舉。他對海參魚翅，佛跳牆，煎、炒、燴、蒸的功夫並不欣賞。因此，對於中華料理中許多高檔菜都懷有「敬謝不敏」的態度。就以吃的哲學來說，我的岳父以美式漢堡最足以說明他的吃的哲學觀。他對漢堡的推崇，真是發自內心深處。一九七八年他來美那一次，某日我們帶他去吃漢堡。在市區十字路

口上的一家「漢堡王」(Burger King) 他要了一份雙份漢堡，大口啖食一快。出得店外，在該店街角轉彎的另一邊，他以為又是另一家漢堡店，於是又逕自步入點了一份牛肉漢堡，仍然吃得躊躇滿志。當我們告訴他是在同一個店面光顧了兩次的事實之後，他卻一本正經地說：「這也無妨。要是大家都跟我一樣，那佛跳牆就沒人吃了。既經濟實惠，方便衛生，又營養解餓，太好了。」

大玻璃缸裏的金魚

我的岳父生性內斂嚴肅，訥於言辭。尤其是家有美貌、善言、廣交、精明、能幹的岳母林海音，他就更其顯得有幾分寂寥了。夏府常有賓客盈座的時候，有時他方欲張口發言，卻被岳母大人清亮脆響的京腔大嗓門封阻了。岳母大人此時總是笑吟吟地道：「承楹，你是要說什麼來著？大聲點！我怎麼聽不見。」岳父大人於是燦然一笑，嚅嚅說：「我才剛要張嘴，一個字還沒吐哩！」有一次他於事後對我搖搖頭說：「在這種情況下，我就跟一條在大玻璃缸裏的金魚一樣，張大了口似乎要說什麼，旁人卻不聞其聲。」對於這種女強人勢下的局面，岳父大人卻總不表示拂意不悅，也沒有夫以妻貴的諂態。卻是回過頭朝他的大女兒（我妻）說：「你母親還是有很多優點，多學學。」

1989 年，為岳父母何凡、林海音結婚 50 週年暨岳父 80 歲生日所寫的一副對聯。

1995 年，與岳父何凡（右起）、岳母林海音在臺北家中合影。

人是有尊嚴的！

一九九五年我回臺，住在岳家。某日早上，我陪岳父母二老步行下樓，沿逸仙路到與忠孝東路口上的一家 7–11 小賣店買早餐食品。岳父與我各買了三明治、滷蛋及火腿肉。岳母大人則看中了架上的「速食稀飯」，於是喚岳父過去觀看並提意見。岳父聞聲但未過去，只是搖頭無語。回家以後，三人坐下。岳母大人將那盒「速食稀飯」拆包取出，依袋上的調食法加熱之後食用。大約味道不甚可口，卻又不願棄之。一向做事理直氣壯的她，遂操著清脆的京腔，以獨斷自信絕不服輸的語氣對岳父道：「承楹，你也嚐嚐這新鮮玩意兒，還挺不錯的。」岳父大人悶頭進食，不予置評。他啖嚼著三明治與他親手漬製的泡菜跟我談話。一會兒的功夫，那一碗速食稀飯，竟在岳母玉指徐徐推動下，沿著桌邊，以「暗渡陳倉」的勢態，到達了岳父大人面前。此時，他放下了手中的三明治，待把口中食物嚥下後，推推眼鏡，不苟言笑地說：「人是有尊嚴的！」那六個字，彷彿六顆子彈，鏗鏘有聲響在我耳際，似乎也正道出了岳父大人一生為人的品操來。

岳父的「背影」

一九九五年夏天我由美返臺住宿臺北夏府的第一晚，因為在舊金山海灣區享受宜人的天氣慣了，對於臺北的燠熱潮悶難以忍受，入夜便開了冷氣睡覺。躺下數分鐘後，不意岳父大人前來輕叩門扉。我開燈起身應門，他在門口肅容對我說：「不是怕你整宿開冷氣費電，是整宿泡冷氣對你身體實在不好。你旅行來臺北，可別病了。」我於是把冷氣停掉，關上電燈又睡。竟不期然想起朱自清散文〈背影〉中作者的父親跨過火車站的鐵道蹣跚至對面月臺外買了橘子，又折回攀爬上這邊月臺，將橘子置放在車座上，然後拍拍衣裳對作者說「進去吧，裏邊沒人」的那一幕來了。

「真北京」和「假北京」

對照稍顯寡言肅容的岳父何凡，我的

2003 年，祖美於岳父何凡追思臺前留影。「玻璃墊上，人生台下」八字輓聯為我所書。

岳母林海音就顯得活泛、爽朗、熱情和親藹多多了。

和岳母大人初見，是一九七三年的夏天，在美國。

婚後的次年，我們購買了房子。再次年，岳母大人蒞美，在我們置於山景城的新家酒蟹居，住了半月餘。

因為我是在海外成婚的，之前，對岳母只知其名而不知其人。與她初見，用她寫自己與沉櫻女士初見時的用語「雖是初見，卻不陌生」那八個字來描述，真的十分貼切。我記得很清楚，自己在很大方的向她喚了一聲「媽」之後，她反倒有些侷促靦腆不安了，只用一口清脆爽亮的標準京腔回答：「呃！呃！好！好！」我生於北京，可說是名副其實的北京人。但是，四歲未足便因中日戰爭離京而遊走於南方。雖如此，我卻頗以自己操挾京味兒的口白為傲為榮。由於離鄉時年紀太小，對於故鄉並無半點印象，所以，我這「真北京」，實際上僅是一個「假北京」。而岳母大人原籍臺灣，生於日本，自幼隨父遷居北京，讀書、工作、成婚，都在那裏。名稱上的「假北京」卻是實質上的一個「真北京」。這「真」「假」的錯綜關係，竟扣在丈母娘與女婿的親情上，可謂是「北京」撮合了彼此。仗恃這層奇妙的姻緣關係，我不禁膽大起來，甚至有些「理直氣壯」了。

哪兒有女婿這麼樣跟丈母娘說話的來著？

岳母大人身裁不高，但容顏美好。她也極注意服飾。對於她那一代（甚至包括了當代）的女作家而言，我的岳母似乎都可以稱得上「大美人」的。她喜愛拍照，這也可想而知。那次她來美探望我們，於抵達的次日，天色晴好。岳母大人毫無倦意，興致很高。我遂建議何妨去史丹福大學校園拍照遊逛。我選了一株花樹為背景為她攝影。她很高興地站了過去。那時候，國人靚女拍照，慣常把雙腳站成一個「丁」字型，更多人還喜不自勝地搔首弄姿。我於是說：「您何妨也雙腳站個丁字型，如果搔首弄姿一下也無妨。」岳母大人依說，很合作地把腳腿站成了一個丁字型，在花樹之前擺出姿勢，卻柔聲笑語道：「唷！哪兒有女婿這麼樣跟丈母娘說話的來著？」話雖如此，卻無有半點不悅。從這裏，我就看得出林海音女士親和、寬厚、大方、幽默和豪朗的個性來。當然，莫消說，她與我之間這一分丈母娘和女婿的情緣，也便在我「沒大沒小」的自然行為氣氛中，增添了順好的契機了。

三十年間五重情，似我者，能幾人？

人生在世，兩個全然沒有血緣的個體，會由相知、相識而建立起某一種特定的關係，除了誠如佛家所說的「緣」以外，我更其相信並珍視其既已存在的真實性。它發生了，既不容質疑，就應全力接受。因為你是「它」的發生的始作俑者，故已不必再作其他任何解說。人生下來就是異稟過人或低能弱智，也無需尋找根由，接受現實便了。即使科學上可以找出基因來，但這基因何以來，找得出來嗎？不要問「為什麼」，因為沒有答案。試想，在世界上五十億不同膚色、種族、宗教、文化，遍及五大洲的芸芸眾生中，某兩個個體彼此建立起一種特定的相互關係，這是一種奇蹟。既是奇蹟，無從全然解說。

林海音與我之間建起的第一種關係，是「作者與讀者」關係。

我生於北京，自幼離鄉，歷經抗戰內亂而至臺，從此未曾歸鄉里安居。抵臺初期，我已經是一個特別喜愛文學藝術的少年了。而二十世紀的五十年代，林海音的作品，發散出她植根於北京春泥中培育出的一種特殊情感，正好投映瀰漫在我對故鄉一無所有的記憶空幕上。因此，失落故鄉的我，便在林海音豐饒的作品中復活了。她的作品的風格，一如高陽先生所說是「細緻而不傷於纖巧，幽微而不傷於晦澀，委婉而不傷於庸弱」，能跳脫出一般女作家常有的「三屜饅頭」(Sentimental) 那樣蒸發的情感，得到了我的偏愛。

我們之間所建立的第二種關係，是「編者與讀者」關係。這也可以說是我們之間第一種關係的延伸。那時，林海音主編《聯合報・副刊》。〈聯合副刊〉在當時臺灣各報副刊中一枝獨秀，擁有最廣大的讀者。編者心胸開擴，尊重讀者及作者，栽培新人，提攜後進。副刊作品在她的手上由點而面，有一種「十錦大拼盤」的味道。

我早期的一篇比較滿意的小品文〈蚱蜢〉，就是投寄〈聯合副刊〉經由林海音「賞識」而刊出的。這樣，她與我的第三種關係——編者與作者關係——便建立起來了。

二十世紀六十年代，我出國遠遊，由澳洲而美國。說什麼也料不到，七十年代竟遙隔太平洋與林海音建立起「丈母娘與女婿」的第四種關係來了。緊接著，八十年代，我的一本遊記散文《八千里路雲和月》的出版，又跟她建立起了「出版者與作者」的第五種關係來了。

三十年間五重情，似我者，能幾人？

從認識到了解一個人，其間過程（時、空）如無朝夕相處或長相過往的機會，定非易事。然則，即便有了機會與有利條件，仍易產生視而弗見的疏失或難免的主觀渲染色彩。我的岳母和我之間，有親情而非血親，屬朋友而非莫逆忘年，彼此間亦無同窗之誼或共事之雅，人在天涯兩地，在空間及時間上享有一分從容、既親又遠、若即若離的差距，這可能就是觀察一個人比較坦然客觀的好處了。於是，我就據此來談談我對岳母大人林海音的印象。

林海音的「爽」

我對她的第一印象是「爽」。民國五十九年（一九七〇），我向她的長女夏祖美求婚。按說，關係人在十萬八千里外，已可援用「將在外，君命有所不受」的原則，無需向她徵求許可的「捨近求遠」了。但是，鑒於對傳統與情理的尊重，我還是捨近求遠了。我的戰略是：一方面以閃電迅雷的方式央請在臺（北）的老父親踵夏府提婚；另一方面書寫了一封自認辭情並茂的萬言長信，毛遂自薦，以岳父大人名句「不按牌理出牌」的打法，寄給了我追求的對象的父母。關於第一方面，在臺老父立即請託時任《國語日報》社長、臺大教授、家父當年北大老同學洪炎秋先生為媒人（因其與我岳父大人為《國語日報》同事及好友），展開「助攻」；至於第二方面的「主攻」，火力強大，對夏府二老來說，會產生彷彿一覺醒來，只見兵臨城下的感覺。既經發現來將但求通婚議好，錯愕中是既驚且喜。林海音在主攻、助攻腹背受敵的情況下，處變不驚，化異常為尋常，二話不說，立即撥了一通越洋電話給她在美國加州柏克萊的女兒：「一個姓莊的前腳剛去

（所指為我的一位臺大同學莊姓朋友，當年在柏克萊加大工作，先對林海音的長女展開追求，惜樓臺雖近，卻未能得月），怎麼另一個姓莊的後腳就來了？莊家來提親了，我跟你爸當然贊成。你是嫁還是不嫁？」一向有乃母之風的女兒當機立斷，一聲「嫁！」於是海的彼岸也一聲「好！」就把電話咔嚓一聲掛了。

事情的來龍去脈就是如此乾脆俐落。女兒的終身大事，隔海言簡意賅地便頃刻決定了。這就是林海音的「爽」，這也是其心海闊天空加上智、仁、勇的強力表現。

林海音的「真」

我對岳母林海音的第二印象是「真」。

真與誠實乃一體之兩面。意誠心正則真。最能窺出一個人是否「真」的途徑，是在該人所作所為的小事細節上。因為，真是誠的自然流露。

林海音在來美探視女兒、女婿、外孫的那年，住在酒蟹居我的書房裏。書房的書桌上一向是蕪亂不堪，沒想到一夕之間竟被她歸秩得井然明目了。她還把我置諸案頭準備結集的作品剪報，自動為我順手整理出來，批了意見，連每一篇的字數都作了統計。一九七七年，我首度自海外返臺，岳母大人率全家齊赴機場相迎。她於當晚更囑其小女阿葳主廚，在家設宴，款待我的大學友好；又在餐廳設宴隆重地把我介紹給岳家在臺親屬三十餘人。一九七九年我二度返臺，她更特意把我安置在距夏府咫尺之遙的「紫屋」小公寓，解除了我在士林洞天山堂家居的狹促及不便。在紫屋中，冰箱中放置了啤酒一打和若干零食；書桌上備有鉛筆、原子筆、剪刀、信紙信封、郵票及稿紙。小廚房的櫃檯上則有上好茶葉兩筒，盛裝冰水的塑膠壺及保溫杯一隻。而最令我感動的是，她親自帶我去紫屋，全然不提前述屋中置備的東西，卻不厭其煩地向我說明了冷氣機及澡房熱水調節系統和瓦斯爐的使用方法，並且逐一作了示範。

林海音的「勤」

岳母大人給予我的第三印象是她的「勤」。

勤，不但是精強體健，應付裕如的明證，也是對己對事一種強烈責任感的驅使要求。進一步說，也是「自尊」的表現。我的岳母在這方面的行為有時甚至到了令人感到咄咄逼人的氣勢。老子說：「一曰勤、二曰儉、三曰不為天下先。」岳母大人在「儉」與「不為天下先」這兩方面或有保留，但對於「勤」，真是無愧。這大概就是她在新聞媒體及事業上如此成功的原因吧。在主編〈聯合副刊〉及主持「純文學出版社」時期，她的「勤」

真發揮得無遠弗屆了。

林海音的「威」

岳母大人林海音給我的第四印象是「威」。

我聽見過有人說林海音很「霸氣」的話。說此話的人實際上是「善意」的。我覺得這話之所以會令人初感有些「那個」，因為是只抓住了「霸氣」的皮表，而忽略了其內涵。我的岳母是一個自信十足、洞察敏銳、能力高強、又不輕易聽信他人、也不輕易倚仗他人的人。這種人，一定是會站立在高處，盱衡大局，發號施令的位子上。也必定會對他人產生威氛，甚至令人難免生畏。林海音論人、論事，一定如此。有「威」則有「望」，因為她對人對事公正、嚴明而不苛，情理掌握恰如其分。她也事必躬親，以仁、德、忠、厚待人。是此，這樣的「威」是令人服膺而不傷人的。

林海音的「善」

林海音給我的第五印象是「善」。

善者，良也。由於她情感既豐且沛，愛心澤厚，胸襟寬廣浩闊，沒有一丁點的「小心眼」。所以，她給人的儀象是雍容、福泰、坦蕩、親善、寬厚。這就因為「善」是她的個性的中心，是行為上集大成的總體現。

五德既具，再加上宜人的美麗容顏、中氣興旺的笑聲、清脆流暢的口齒和醇親熨人的情誼，因此，不論林海音走到那裏，都自然贏得上級、長輩、同儕及晚生們的交心尊敬與愛戴。她身裁不高，在一個盛大熱鬧的場合，人們也許難以發現她。但是，林海音的笑聲及爽朗的口語，彷彿具有難言的魅力，會穿越人群，完全不需要聚光燈的打照，她的存在和形象自然會托升在半空之中，就像亮麗的一輪旭日，散發著無盡的光和熱。

美人遲暮

旭日東升，卻也有日暮西山的時候。

誰都沒有想到，一九九五年，我不知第幾度回臺的那一年，驚覺「大美人」的丈母娘，居然也呈現老態了。

我這樣說，也許對林海音而言稍欠公允。質言之，我在那年自棲遲的域外返鄉所看見的岳母，雖然乍見其保有一定程度的動人面貌，可是外人卻難以窺見她隱藏在善意加持下經掩蓋下去的她的「遲暮」了。比方說，她那煥燦的顏面已經被特意的美容術奪去了本能的靚神了。尤其是眼部，我無意中注意到她喜愛配戴深色的太陽鏡。在白天，太陽鏡可能為岳母增添一分不同的魅力，可是，在晚上，脫掉眼鏡，卸了衣裝，除卻假牙，林海音在家中的容顏，便只能用「衰老」一詞來形容了。我那年回臺北，就住在她國父紀念館旁逸仙路上的家宅。平時我都因應酬早出晚歸。有一次，傍晚時分提前返回夏府，為了拿一件東西。推門進屋，卻不意看到了已然卸了裝的林海音。她正穿著便服，戴了老花眼鏡安坐在靠門的沙發上讀報。萬萬沒有料到在已經「還我自由」的時候，竟然會有不速之客奪門闖入。沒有戴上假牙的她，本能地突然站了起來，急急奔向近旁的櫃檯，拾取浸泡在玻璃杯中的假牙。殊知忙亂中出了錯，拾起了上牙卻使力往下牙上按蓋。陰錯陽差，怎麼戴也不稱意妥貼。我就在她尷尬難掩的時刻說：「媽，沒有外人。您不必緊張，乾脆自自然然好了，這不也是英雄本色？我沒事先打電話就回來，很對不起。」

（我是以岳母大人特別給我的家門鑰匙進屋的。）

岳母沒有再說什麼，也停止了頑強的自衛，似乎無可奈何地承認自己不得已的「失態」了。也就在同一的剎那，我猛然意識到，一向有「女強人」之風的林海音，也終顯其哀怨淡淡憂傷的一面。

一九九九年秋際，我與喆、靈二弟有大陸之行，先返臺北。這也是我最後一次見到生前的岳母。那時，她的健康更其不好，已坐輪椅。但她仍是儘量把自己打理得整齊亮麗。我想起上一回在臺北，有一天，寂靜的午後，我自「信遠齋」購買了岳母喜愛的滷味回去。上得二樓，推門進屋，見她正戴著老花眼鏡，坐在靠前窗客廳內的沙發上，為我已洗淨的衣衫添補一枚鈕扣。那一頭烏黑的髮絲，略微浮泛著花白的亮光。突然之間，我似乎看到了我的母親在抗戰時期於窘困的生活環境中，在蠟燭燈下為她四個兒子低頭縫補衣衫的景象來。我告訴她剛買了信遠齋的滷味來。她聽了，高興地放下手中的針線活計，站立了起來。笑吟吟地對我說：「呃！呃！好！好！我去拿兩隻小酒盅來，咱們母子倆喝上它一點。」我以十年前大病之後遵醫囑不宜飲烈酒為由向岳母致歉。她卻笑說：「沒問題。冰箱裏有啤酒，原本就是為你準備的。你爸是什麼酒也不沾的。」

我站在她身旁沒再說什麼，只盯瞅著她。一下子又彷彿看見了初見時的林海音。依然那麼自然、那麼親切、那麼豪爽、那麼英伶，也那麼自信。

第十部分
哀傷的八十年代

父親的辭世，對我而言，是二十世紀八十年代中的首要哀傷大事。

我的生命是他所賜，
我的成長是他所培育，
我的知識一大部分是他所萌引，
我的興趣與志向是受他渲染，
我的為人處世經他調教……

莫逆一生的一雙至友——臺靜農與莊尚嚴

我以「哀傷」二字冠在「八十年代」之上，這並不意味二十世紀的八十年代是令人哀傷的十年。它並沒有普遍性，僅是對於我個人而言如此罷了。在這十年中，許多太過熟知的親人和朋友相繼謝世了。這一批謝世人物，對我而言，都是重量級的。不僅如此，我也同時認為他們都具有一定的代表性，也是我自認的知識界的代表人物。除此以外，還有我一生中「此身雖在堪驚」的大事二樁。

漂泊一生的父親

父親的辭世，對我而言，是二十世紀八十年代中的首要哀傷大事。

我的生命是他所賜，我的成長是他所培育，我的知識一大部分是他所萌引，我的興趣與志向是受他渲染，我的為人處世經他調教。所以，對於這樣一位有大恩大愛於我的人，在我的人生前半期（四十歲前），在動盪的戰亂時流中，我一直沒有機會也不曾冷靜而客觀地仔細思量過我與父親的這種父子之情。當我把情感沉澱，彷彿要藉一種報答的方式來審理時，我卻已經離家去國，鄉關日遠，而父親也已進入生命的老年了。三十歲以後長期棲遲域外，在有一定距離的時空中想作「報答」，似乎也是一廂情願的自私想法。而所謂報答，若以世俗的看法與了解來衡量，也都不切實際，空間的適度距離和時間的親炙，我都欠缺。三十而立，我是立了，對中國人來說，我應該在精神及物質兩方面，對進入生命晚期的父親略盡孝思以為報，可是我沒有。從童年而至少年，我都在戰亂中度過，不能給父親完成一個拼湊成的完整的畫像。我對他的所知所解，全是生理上的父子關係。但我知道，一直到父親在臺辭世，他都始終沒有一個在法律上是屬於他可以擁有並可以行使完全的所有權的「家」——物質層面的房（地）產。對他來說，父親口中所說的「家」，就是他的工作機構分配給他可以棲身安頓婚後生活的房舍。對於那樣的一個建築物，他沒有所有權，沒有對之加以修繕、拋

2007 年最後的「洞天山堂」，自從父母相繼逝世後，莊靈一家也搬離此處，目前改為故宮辦公室。

售、贈與及處理的任何權力。在我的感知上，這樣的實情，恐怕自始至終且也延續了父親一生「漂泊」的悽涼感（父親在世時，脾氣一直不好，在家很易動怒，我不知這是否與我所言他實際上「無家」的實情有關）。

我記得，一九七三年，我與妻決定了購買自己的房舍之後，曾寫信向寄居在臺北士林外雙溪「洞天山堂」（故宮博物院宿舍）中的老父報告此事。馬上我們就接到他的回函，說：

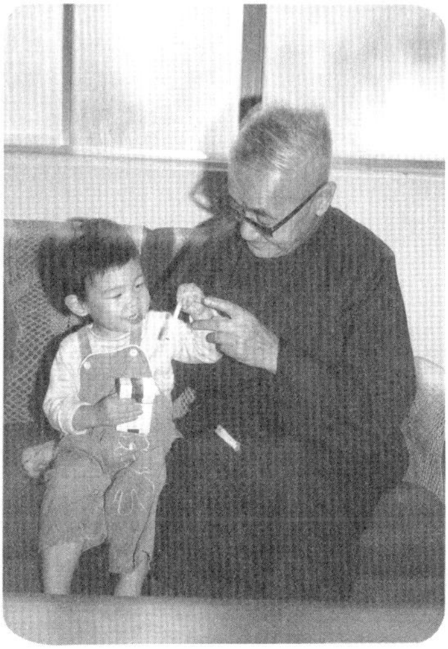

1973年返臺探親。「爺爺，抽根煙吧！」兩歲的莊誠也懂得孝順爺爺莊尚嚴。

> 接十九日函，好高興。尤其看到新屋地圖，略知大概情況，更是興奮。因為，漂泊一生，至今上無片瓦，下無尺土。你今有此房屋，總算莊姓有了定居。

這可以見出他一生的向願希望。雖然

置產一事他仍不能自為，畢竟可以由兒子代為實現了。他接到我信後的「興奮」是可以想見的。可以理解，因為是喜中帶淚的。非常遺憾的是，一九八〇年父親因病去世前，都一直未再來美國，沒有在他上有瓦下有土莊姓的「家」當真住過，當真興奮地生活過。

酒中有深味

一九七九年初，父親不幸罹患直腸癌症。在臺北的榮民總醫院動過手術後，他返家靜養。然則，父親的健康，在數十年來動盪、波折、困窘的折騰之下，日見殘衰了。病中，他仍奮力從榻上起來，握了大筆，寫下「白鬚一把，赤血滿膛」八個字，描寫他畢生為國家文物的保管所作出的赤膽忠心貢獻。對於國寶，或許可說是父親一生負專責而加以處理的財產了。

但是，他的病，遵醫師的囑告，竟把他一生用以養心明志，聊以解憂去愁的酒，忍痛戒掉了。

父親生前的摯交酒友前臺大教授臺靜農先生，在其〈傷逝〉一文中對父親晚年因病而戒酒的情況，有出於同情而又感傷的描寫：

摩耶精舍（名畫家張大千先生臺北府第齋名）與莊慕陵（父親的別號）兄的洞天山堂，相距不過一華里……慕陵初聞大千要卜居於外雙溪，異常高興。多年好友，難得結鄰。如陶公與素心友「樂與數晨夕」，也是晚年快事。……可悲的，他們兩人相聚時間並不多，因為慕陵的精神開始衰憊，終至一病不起。他們最後的相晤，還是在榮民醫院裏。大千原是常出入於醫院的，慕陵卻一去不返了。我去外雙溪時，若是先到慕陵家，那一定在摩耶精舍晚飯。若是由摩耶精舍到洞天山堂，慕陵一定要我留下同他喫酒。其實，酒甚不利他的身體，而且他也不能飲了。可是，飯桌前還得放一杯摻了白開水的酒，表示一點酒人的倔強。……後來他病情加重，已不能起床，我到樓上臥房看他時，他還要若俠夫人下樓拿酒來。有時若俠夫人不在，他要我自己下樓找酒。……我們平常都沒有飯前酒的習慣，而慕陵要我這樣的，或許以為他既沒有精神談話，讓我一人枯坐著，不如喝杯酒。當我一杯在手，對著榻上的老友，分明死生之間，卻也沒有生命奄忽之感。或者，人當無可奈何時，感情會一時麻木的。

看到這裏，我總不免有難抑的悽哀。我常想，靜農世伯與家父飲酒，不是就飲一杯或一壺有刺激性化學性的杯中物，他們飲下的是一種有伴和作用的文化酒。供他們吸收、調養性情生活，放散出令他們不至於沉湎反而振作的精神。陶淵明說「酒中有深味」，或許就是如此的了。可惜，如靜農世伯及家父這樣的酒人，似乎越來越少了。平常飲酒，善飲者原本無多，而風頭卓健者，往往以量勝，對飲酒內在的「味」似已不甚關切了。酒，應該是一種具有自清作用，彷彿像良友一樣的東西。像靜農世伯與父親一類「酒人」，他們喫酒，並不關注質的好與不好，也不會不自量力在人前喝得胡言胡語，酩酊乖行。他們都是在飯時的燈下小飲一杯兩杯，自清自勵。這樣的酒人隊伍，在八十年代，似乎已經益見寥落了。

由於中國在實際現況中的分裂，我這一代和

1977年回臺探親，與岳父何凡（左起）、父親莊嚴、世伯臺靜農合影。

以後的中國人，對於「中國」的掌握業已漸然生疏淆混，也越發缺少能以杯酒論英雄的政治人物。政治的失序，人們已經很難看清往後中國在歷史軌跡中行進的方向。這，應該是我在二十世紀八十年代的沉重痛苦的醒悟。我感覺到，如果像靜農世伯及父親那樣的酒友增多，大家每日自清自勵喫上一杯，漸然舒緩，溫潤在心，也許世界會比較清和一些的。

父親那一輩的讀書人，不管是那行那業，基本上都有著傳統文士的色彩，能文、能詩、能酒。且不說酒，至少詩、文二者都有相當程度的訓練與功力。而這一點，在我這一代的人身上，已是殘缺不全了，再往下去，已很難追尋，只能感嘆式微了。所謂詩，一定是舊體詩，而不是無韻的像一碟茴香豆混和了落花生的新詩。父親除了能飲酒，且深諳酒情酒性外，他也能詩能文。

冰炭滿懷抱

父親的詩集，生前他自定名「適齋詩草」，可惜一直未出版。《適齋詩草》錄有詩作二百餘首，自民國六年（丁巳）初習詩作迄於民國六十五年（丙辰）病故前四年。內容包括大學生活，故宮文物運至英倫展覽，抗戰流亡（黔川時期），勝利還京，渡海遷臺（臺中霧峰及臺北士林外雙溪），以及故宮文物赴美展覽，東海大學任教最後到致仕退隱，前後共六十一年。倘以古人「人生七十古來稀」來況喻，他的詩集可以稱說是他的自傳。

綜觀父親一生，憂時愛國，比方說，他在民國八年，尚未投考大學之前，便寫出「一鞭應著祖生先，每對流光嘆逝川；惆悵夜深還未睡，聞雞起舞月當天」及「此身與世有何牽，又見滄桑在眼前；我有憂時心不死，一燈獨對未成眠」（〈不寐有感〉二首）。但父親畢生又都懷有道家的逍遙冥想。入世與出世的矛盾，渾虬難分。父親的一生，都逢亂世，加以日本侵華（偏偏他又留學日本），國共齟齬，最後流落臺灣，含恨以終。他的那種儒家為君為國的體用精神非常完備，對於「忠」，對於「信」的誠篤也無可厚非。但是，這種盡忠固守的志向，在亂世時，是很易受到斲傷的。於是，道家的達生逍遙立說，又對他發出呼喚以求自解。基本上，父親可說是一個清白守正的儒生，他的一生襟抱，似都未能全其志的在工作上得到印證。另一方面，他本可充裕地逍遙自解，不必苦惱自嘆，可是他又不能真正逍遙，枉自一生與山水田園接近，都未能似一片出岫的雲，飄逸漫遊。陶淵明的一生是「冰炭滿懷抱」，正可以用來描述父親的一生。

老莊活神仙

父親的詩作，絕大部分是抵臺以後，自後中年期步入晚年終至過世這三十餘年中的積累，約計逾百首。在晚年的詩作中，對於「自然」描述甚多，寫作也不嚴格恪守詩律，真似雲之出岫一般，如行雲流水。民國五十四年十二月，在故宮原存放臺中霧峰的文物將遷臺北後，他那首留別〈霧峰洞天山堂題壁〉的七言古律，似乎最能表示出他這種對於「自然」的意趣，也正可以描寫他心中一直渴念的逍遙生活。其中有句是這樣：

人生到處應何似，行雲流水聽自然；
隨遇而安尋常事，縱浪大化任周旋。

這不就是他長久心嚮往之的自然生活麼？又如〈士林外雙溪山居即景〉一首，說「君有閑情來小坐，看雲聽水喫苦茶」，都可狀繪父親老境圖盼平和心安的用意。再如，作於民國六十四年（乙卯）的一闋〈漁歌子〉：

屋外行散千百步，窗前臨帖四五篇。
一壺酒，一支菸。人稱老莊活神仙。

應該說是父親暮年的自畫像了。而民國六十五年八月十二日枕上偶成七絕一首，更足以顯示他自命「老頑童」的樂不可支：

天廚名肴傳天府，尼罕寧默哈庫他。
美酒和成甜不辣，太可惜呀回到家。

於詩末，他以遊戲筆調寫題識：

申兒由墨西哥返港大（大哥莊申時任教職於香港大學美術系），過臺省視二老，（莊）伯和宗弟即將去日，特邀臺靜老及家人小聚天廚菜館。此菜館係臺北北式名菜館，有特菜名「尼罕寧默哈庫他」。據云，係滿洲語之音譯也；名稱及烹調法均傳自故宮滿文檔案，實即紅燒牛肚也。余以糯米酒和入金門大麯，味甘甜，戲名之曰甜不辣。甜不辣者，日菜「天婦羅」之音譯漢文也。太可惜者，計程車（taxi）之英語音譯也。此詩妙語天成，不可以醬油。他、家二字，雖非同韻，吾不顧也。

完全可以清清楚楚看出父親晚年「人稱老莊活神仙」的自得自怡。

多情懷九州

但是，父親晚年真的是那般坦放自得嗎？答案似乎又是否定的了。父親是一個多情種子。人只要多情，難免要為情所苦。他的「情」，是俗說的「懷舊」。在他的詩作中，屬於這個主題的便佔了相當大的比例。他的家國之思，讀其詩令人腸熱。比方說，有關「重陽」的詩，多達十首以上。登高臨風望遠，那也就是懷念家園、鄉關和故國了。似乎他一生最大的遺憾，就是桴海去臺，作客他鄉，含恨以終，而未能重返故土，親見九州一同。我認為，倘若他能再存活數年，雖仍無法親見家國重光，但至少可以乘機歸故里，重溫舊情的。民國六十年六月八日，他在七十三歲生日那天所作的七絕〈口占自壽〉詩中說：

天上有機奔月，人間無地埋憂；
浮家竟成新客，夢中重返幽州。

所寫真是關情悽切（按，他在詩後自注云：「美利堅合眾國正以太陽神火箭送人登月。

臺灣土著多來自閩粵，自粵來者謂之客家。三十七年大陸易色，中原人士大批湧到，吾戲自稱『新客家』。」）。以「人間無地埋憂」來對比美國科學之精進送人登陸月球，來襯托自己的老來無奈，隔海相望而有家歸之不得，也只好以「夢中重返幽州」來自慰一番了。

靜農世伯與家父訂交於北大，那時他們都住在北京馬神廟附近西老胡同一號的前院。父親租住的是西廂房兩間，靜農世伯與友人合租正房三間。雖然日日見面，他們卻生如陌路，不打招呼。靜農世伯對於父親昔日印象，是：「清瘦白皙，西裝懷錶，個子不高，走路頗疾。看似紈袴，卻不儇薄，年少而有長厚氣。」「紈袴」二字，似是靜農世伯對父親的不良印象。「西裝懷錶」一語，又似乎是多少帶有微酸語氣。而二人後來終於彼此納交相知，看來或許與父親「卻不儇薄」的「年少而有長厚氣」相關。總之，他們的相識互認，是由靜農世伯靜觀對方慢慢得來的。

中日戰爭爆發，父親與靜農世伯經喪亂先後離京輾轉入川。勝利之後，二人又先後赴臺，這樣的患難之交，在人生中是頗不尋常的。他們早年在北大做學生時，彼此交往是否也多少因與酒有關，我不知道。不過，在民國四十二年（一九五三）我自臺中去臺北就讀臺大時，父親囑我帶給靜農世伯的禮物卻是兩大瓶菸酒公賣局釀製的特級清酒，或許多少也說明了二人於青少時期是因知酒而納交的。

有酒不肯飲，但顧世間名

靜農世伯飲酒，對於上世紀六十年代尚在臺灣的我來說，應是有著哲學意味的飲酒。這是基於我的觀察得來。凡是當年受教於他的臺大學生，相信都會同意我的看法。學生們對於老師的善飲，對於老師的敬愛尊崇，是被他沖緩沉寧開放的藝術生活方式所吸引。而靜農世伯的生活觀與人生觀，又可說是由酒浸漫散發出來的。靜農世伯並未在學術上有門宗大師地位，然則他處處顯示出大度雍容的器識。陶淵明說：「道喪向千載，人人惜其情，有酒不肯飲，但顧世間名。」正可以說是靜農世伯飲酒的真義，也可以說是他的酒識和酒趣。因為，陶公飲酒，得一「清」字，而靜農世伯正復如此。三十年前，我曾寫信求靜農世伯墨寶書陶公〈飲酒〉詩十首，他欣然應允。陶淵明〈飲酒〉詩十首最後一句是「酒中有深味」，所謂深味，究竟何所指，一般飲酒的人大概是很少究問的。常人飲酒，但以量勝，頂多及於質的考究，鮮少顧求酒所代表的哲學意味。殊不知飲酒實非以量勝，而是代表飲者的人生觀。我們所謂「學識」，實係也包括飲酒，當飲不當飲、如何飲、為何飲，樣樣都是學識。識之最終乃是藉酒對人生的了悟。學，是個人的，學之有成與否，除才具外，需要的是吸取和消化、儲存，這是內斂的，也是靜態的。而識，則是動態的，是學的外放。是對人、事、環境產生並造成大影響的動力，所謂「道」，便是如此承傳發揚。我認為，身為人師，靜農世伯對於弟子及後人的影響，就是因為他具有這般深厚的「識」，為我們的「學」開拓了通達的途徑。

無為而治的領導風格

早期的臺大中文系，在靜農世伯的主持及領導下，一切都由「無為而治」的哲學觀照管得安和齊整，看似不合常態但實有不同凡響的大格局。臺大文學院中文系在二樓的第三研究室，也就是系主任的辦公室，大門永遠是終日敞開的。一進門，是一扇古舊的木屏風，屏風的後面，左右沿牆是書櫃，正前方靠窗處是系主任的書案。右邊沿牆的書櫃前面設有籐椅數張，經常在座的是幾位中文系及歷史系的師長：戴君仁（靜山）、鄭騫（因伯）、毛準（子水）、孔德成（達生）、夏德儀（卓如）和余又蓀等多位教授是中文系第三室的常客。他們飲茶、吸菸、談話，但從不涉政治，也不臧否人物，笑語盈喧，總是洋溢著美好的共識。有時默默無語，室內香菸雲靄迷漫，有一種深不可測的氣氛。最後，往往是由靜農世伯洪亮寬潤的語聲打破迷障，讓晚春的靜好又重布全室。

大三那年，我自法學院轉投中文系，補修靜農世伯的「中國文學史」。上課地點是在校門口一進門左側的「臨時教室」。某次，下課鐘聲尚未敲響，但下一小時大約是工學院某課的學生，在笑語喧譁聲中，已從教室的後門擠入。還在上課的靜農世伯，一語不發，忽地抓起一把粉筆頭，自講臺上拋擲向後方，彷彿突然發生的槍擊事件，令坐在教室後面的我，臉上也不防中了流彈。這時，鐘聲響起，靜農世伯夾了皮包，大步跨出教室。

又有一次，靜農世伯在文學院的十九號教室講授《楚辭》。教室廊外，有中文系某教授在大樓前的地坪上幫助一位女學生練習摩托車騎術。嘈雜的機器馬達聲及笑語人聲，迭番傳入教室，使上課的氣氛受到一定程度的影響。靜農世伯放下了手中的講稿，對坐在靠走廊處的我呼叫：「莊因，快去把走廊上的窗子關上。快！」終於機器馬達聲、人聲、笑語，都被隔絕在走廊之外了，《楚辭・哀郢》的氣氛才漫散出來。

基本上，靜農世伯是十分重視人的品操的。對於言行不尊的人，對出人意表的事甚是反感。至少，他在口頭上常用的詞語「極無恥」三字，很恰如其分地表達了對某人某事的鄙視。

白頭猶自在天涯

一九六四年，我自臺大中文研究所畢業，出國赴澳洲墨爾本大學執教前夕，去臺北溫州街靜農世伯寓所歇腳盦向他辭行。席間，臺伯母舀了一大勺蝦仁給我，說：「多吃一點。出國以後，大概在外面也不容易吃到這種河蝦了。」靜農世伯看著我，逕自呷了一口酒，就舉杯對我說：「來！來！來！莊因，乾了！乾了！臺伯母說得沒錯，多吃一些。海蝦肉粗個大，不好吃的。不過，怕的是你以後喝酒也沒人向你舉酒乾杯了。」隔著飯桌，我望著靜農世伯，他一臉落寞無奈，欲語還休的表情，一時竟梗塞不知說什麼方好。我一下子記起了一件往事：某次，父親出差自臺中北上臺北，落腳歇腳盦。靜農世伯出示一幅友人畫作「蒼松圖」，嗆著要父親題寫。父親笑道：「這就怪了，我見都沒見過你的朋友，怎麼題字？別人請你臺教授題寫，怎麼公差竟抓到我的頭上來了？」靜農世伯無可奈何，搖頭苦笑，沒再說什麼，即刻濡筆蘸墨，一口氣寫下陶淵明〈榮木〉詩的詩題來，而且以安徽口音的京腔唸道：「榮木，念將老也。日月推遷，已復九夏……」我當時驀然感到，像靜農世伯與家父的這一代，已經在動盪的大時代中漸然老去，誠如靜農世伯曾在他自己的詩作中說，「怒雨奔濤亦壯懷，白頭猶自在天涯」，都變成了讀書人中的蒼松榮木了。他們那一代的書生志向，狷介忠信，又復自期報效家國，我們這一代的人及後代的人，業已弗及了。詩人教授楊牧曾寫贈酒蟹居一對聯語：

君子飲酒，愛其令德；

達人啖蟹，厭他横行。

靜農世伯那次遊美見及，見了十分喜歡，後來返臺為我寫了，並有題識：

酒蟹居主人得詩人楊牧是聯，為之大樂。因命其婦專程來歇腳盦請為書之，八十六叟靜者時在臺北龍坡里。

他的字，鐵畫銀鉤，蒼勁超拔，十足流露著讀書人的範儀。

土包子遊美

一九八六年靜農世伯來美，純懿大姐，益堅大哥特自東岸趕來金山親迎老父。我與妻在酒蟹居備酒菜接待。飯後，靜農世伯十分欣快地在我們的嘉賓留言簿上這樣寫下：

一九八六年七月十日，與媳惠敏、孫大翔來舊金山。次日，莊因美麗夫婦宴於酒蟹居，時長女純懿長兒益堅同席，飲瀘州大麯一瓶，為遊美第一快事也。

飲酒之外，他並以裱就的書法墨寶一張擲贈。所書為宋代龔元英七絕一首，是寫在一大張包裝紙上的，有題識曰：「丁卯（一九八六）清明節前，試洋人包裝紙，用的是龍鬚筆。」龍鬚筆乃中國大陸筆莊特製提斗，專供書家之用。靜農世伯笑說：「什麼龍鬚？胡說八道，狗屁。豬鬃也。」由此也可見出靜農世伯坦率、豪爽、風趣、心直口快的個性。

在金山小事盤桓後，靜農世伯及家人同赴東岸。純懿大姐將老父安排在一位景慕靜農世伯的友人在紐約的別墅中。沐浴時，靜農世伯

1986年臺靜農老伯（前排中）訪美，與長女純懿大姐（後排右）、長男益堅大哥（前排右）攝於酒蟹居。多年後重見此照，相中的三位客人俱往矣。

不慎滑跌，受了輕傷。他打電話來告訴我們實情，妻回話說：「您這是沒見過世面，怯場了，踤倒了。」靜農世伯聞說哈哈大笑，並無怒意，操著他那有濃重安徽口音的國語腔調道：「是的！是的！就是這話。美麗，就是這話！就是這話！土包子遊美！哈哈！」

兩岸的文化風暴

靜農世伯與父親那一代的讀書人，真的是在靜農世伯的詩句「寂寞清尊醒醉間」和「怒雨奔濤亦壯懷」的間隙中過去了。十年，不是一個短暫的人生階段。在他們的五六十的歲數，正是一個人學識和經歷都臻成熟的時候，可惜，中國大陸發生了文化大革命，讀書人（高級知識分子）的命運，慘遭戲弄撻伐，他們的志向被扭曲。這文革的十年，像是狂風暴雨中被摧折的花草樹葉，凋零一地。而在臺灣，一批政治上的激情人士，居然幼稚得要把「文化的中國人」硬貼上「臺灣本土」的標示，主張去中國化，自我矮化縮頸。在中國的土地上被政治污染無情摧殘的讀書人，海峽兩岸，能夠做到清清白白、坦坦蕩蕩、勇勇敢敢、真真實實的維繫自尊，這已經是難得的了。「寂寞清尊醒醉間」，多沉痛喲！

在二十世紀的八十年代中，除了臺灣學術界如靜農世伯及家父的一代人物過世外，在美國西岸加州舊金山海灣區，至少有兩位我熟悉的旅美中國讀書人，也不幸謝世。他們是舊金山加州州立大學教授許芥昱先生及文名彰著臺、港、美的前臺灣大學教授吳魯芹先生。

才情豐茂，廣緣善結的許芥昱教授

芥昱先生是我一九六五年來美後，在灣區認識的一位中國學者。他不但有相當的文化氣質，為人更熱誠慷慨，能吃、能飲、能談、能書、能詩，是有多方面才氣的人。當然，我說他能吃能飲，但絕非酒肉之輩。

同是天涯淪落人

我來美任教職於史丹福大學，而芥昱先生於一九五六年在史大攻讀博士學位時，也擔任史大亞洲語文系講師一職。所以，我與他也可說是先後同事。我來史大時，他早已獲得高級學位，在舊金山加州州立大學擔任外國語文及比較文學的教授。許先生原籍四川成都，生於民國十一年（一九二二），足足長我十又半歲。我於對日抗戰後期入川，居住了兩年多，因此，在感覺上，我認為彼此「同是天涯淪落人」，而相逢異域，更有一層血緣上的親切感。

一九六〇年代的美國，享名於學界的中國學者，有東岸哈佛大學楊聯陞教授，西岸則有柏克萊加州大學的趙元任教授，及華盛頓州西雅圖華大的李方桂教授。他們都是中外交譽的大師級人物。他們沒有政治色彩，只知學術，就跟當年滯美的大師胡適先生一樣。他們基本上反共，但並不做政治上的投靠。他們也都具有傳統中國文士的器識和風骨。對我而言，他們似乎都是師輩或師祖一輩中人了。芥昱先生在對日抗戰時期，畢業於西南聯大的清華大學。一九四五年來美後，自軍籍退役轉文職。不像前面提及的楊、趙、李三位大師，我覺得與他們之間有一定的「距離感」，而我自覺與芥昱先生屬於同輩，且更有一層感情上的聯繫。除此之外，也不似楊、趙、李等大師，因他們鑽研的領域是國故歷史與語言學。芥昱先生與我都是文學中人，且共有對新文學的一股熱情與興趣。

許芥昱教授，就是在前述的一代大師之後，在美國的中國研究學界，特別是華裔中國研究學界中，結有善緣而廣被接受的學人。許先生雖不幸在一九八二年舊金山海灣區的一場大風暴中遇難葬身大海，由張錯及葛浩文兩位教授編印的《永不消隱的餘韻——許芥昱印象集》紀念專刊中，有學界及文藝界數十人撰文的事實看，就可證明許先生是一位廣被接受的學界人物。他不似胡適、趙元任、李方桂、錢穆等大師人物，因在學術上出類拔萃而為人所知所喜，而是因其多才多藝親和近人而為眾所愛。有容乃大，才會廣被接受。在美國大學中擔任文學教學的華裔學人，有的自視甚高，甚至倨傲不群，嫉才妬人，對同行相輕；也有人挾洋自重，排擠打擊學界華裔，而芥昱先生卻不這般作為。他才情兼備，健談、風趣、真實、瀟灑，能詩，能文，能藝（書與畫），懂生活，而更愛生活。他的處世為人最成功處，我認為就是與大家打成一片，沒有大師人物喜迎高譽善把自己定塑一尊的習氣。

兩次爽約，竟成永別

我與芥昱先生初見，是在一九七七年的朋友家，在座的客人中就有芥昱先生。許先生治文學，但對藝術與繪事極富才情，也饒興趣。我們那次初見，所談不是文學，而是藝事。他很健談，人也風趣，知識博通中西，加上他的瀟灑個性，蓄了長髯，叼著一隻菸斗，不落俗套地侃侃而言，給我很深的印象。他知道我酷愛書藝，遂與我相約互相交換作品一張。我原以為不過聊說而已，殊知三天後竟接到他的電話，說是已為我寫好一張條幅，只待我遵守信約，盡速交卷「成交」。從這裏也可見出他對藝術的忠誠，以及重諾不苟的性格。可惜我一向疏懶，竟而一再拖延，到他突然過世，都未踐約，思之真是愧慚不已。

第二次與芥昱先生見面，是在由臺灣中國時報社《時報周刊》雜誌主持的「大陸文學座談會」上。那天的主題是文學，芥昱先生以其詼諧輕鬆的個性和語氣，對大陸政治控馭下的文與藝，做了精闢的評述。也再一次給我留下深刻難忘的印象。會後數日，許先生又打電話來，稱說正在編譯一本介紹中國近代作家的書，希望我能撥冗撰稿，擇一作家，並附上英譯作品一篇，共襄盛舉。可惜我又因疏懶而未克完命。

芥昱先生在舊金山加州州立大學講授中國文學，他的教學方式非常活潑：大量取材於中國傳統山水畫和古詩。把傳統的中國文人、詩、文、書、畫結合起來，變成一門鮮穎的文藝，極得學生喜愛。恐怕他是以此方式在美國講授中國文學的第一人。不像一般講授中國文學的華裔學人，大多在詩、藝、文中僅擇一而為。因為，傳統的中國文人常也是文士，其詩、書、畫、文是渾然一體而互為因果的。這樣介紹中國文學，全面而充實，效果大好。基本上，我認為芥昱先生是一位有創作性、才情兼備的浪漫文人，也是一位嚴肅的文學家與藝術研治的學者。他的早逝，真是文化界的大損失。

身具中西文化精萃的中文作家高手——吳魯芹先生

對於寫文章的人，我認為最重要的是：第一，人品清正；第二，不譁眾取寵，不造作賣弄；第三，文字佳好，雅約，富幽默感。在臺灣及海外的數十年生活中，文壇的作家太多了。以散文來說，下筆如走棋，點面俱到，步步有氣局的人，我最欣賞的作家有兩位：梁實秋與吳魯芹。

西裝畢挺的外文系教授

梁先生闖蕩文壇，及其在學術上的地位，早已文名赫赫，老、中、青三代中熟知的人已不可勝計。可是，吳魯芹先生則知曉的人並不多。魯芹先生在我在臺灣大學做學生的時候，已在外文系擔任教職。我沒有上過吳先生的課，但是，對吳鴻藻（魯芹先生本名）先生知之甚詳。他總是穿戴極其齊整俐落，中年人不高的身裁，乘坐三輪車到校上課。我常在文學院門首的杜鵑花前看見他，泰然又微微含蓄，卻透著智慧的笑意，坐上三輪車，在靜敞的校園中離去。那時，乘坐三輪車去臺大上課的教授大有人在，文學院各系的師長，多半是穿長袍大褂，常見西裝畢挺打結領帶的有兩人：一是文學院長歷史系教授沈剛伯先生，戴著眼鏡，背微駝，一臉學者容顏；而另外一位就是外文系的吳魯芹教授了。所以，我對魯芹先生當年的風采有很深很深的印象。

來美以後，我一直長住舊金山海灣區。上世紀的七十年代，有幸認識了自東岸遷來，同樣寄居在舊金山灣區的魯芹先生。他較臺大當年更其成熟有味兒了，也仍是打扮得齊整乾淨俐落，不落俗套。

優雅流暢，字字珠璣——講求文字的高手

魯芹先生不但文筆好，言談也風趣有度。美國已逝的知名作家約翰・契佛（John Cheever）是一位講求文字的高手，魯芹先生對之心儀不已，就因為他自己也是一位在寫文章時特別注意文字的人。語文是一種約定俗成的東西，也是文學的根本。如果我們認為文學是一門藝術，那就更其需要加強加重對語文的重視。實在說，語文不好（也就是文字不好），文學肯定好不到哪裏去。語言是活的東西，文字就是文學創作人的基本工具。語言文字不好，以其創作的文學便先天不足。好比建造一所房子，工程材料不夠理想，基礎就不實，蓋好後的房舍不會耐久。這在東方西方皆如此。我無意將魯芹先生的文章在中國文學史上的地位，和約翰・契佛的作品在美國文學史上的地位，來加以比較。他

們二人的文學種籽是孕育在不同的文化土壤中，這就好像西紅柿（蕃茄）和苦瓜，我們不能言說孰為味美一樣。但是，近代及現代的中國高級知識分子，包括學人和作家，他們因時代的不幸而為國為民犧牲，而墮落，而變節，而殉節，而放逐，而自抑，而遭受迫害，這種慘痛，卻非美國的近代及現代高級知識分子可以想像，可以遭受的。約翰・契佛不必自我放逐，不必浪費時間及精力和文學才情去從事譯介工作，也當然更不會客死異鄉。可是魯芹先生就不同了。在我們的時代和我們的環境裏，他慎獨，他既珍且惜文學的價值和生命，他有高尚的中西學養和文筆，在可能的限度下，把他博通的文學知識和情愫，溫文爾雅地、不著火氣地、不譁眾取寵地、不作驚人之語地、不強辭奪理地、不自我推銷地、不矯造地在貧瘠的文學土地上培育純文學，四五十年來，具有這樣條件及愛心的人，委實不多。前面我說約翰・契佛是一位「講求文字的高手」，而魯芹先生對這位高手的寫作評語則是「他總是寫得很好，流暢優雅」。「流暢」也許是許多文人的能事，但又能寫得「優雅」，恐怕就不是一般文士可以為之的了。魯芹先生的文章寫得好，梁實秋先生的文章寫得好，就因為他們的文筆正是「流暢優雅」。要達成這一目的，文字一定要用得貼切自然，於是優雅隨生。魯芹先生認為現在寫文章的人一定要用字遣辭講究，認真推敲，我十分同意。他的文章，原本不多，前臺大退休榮譽教授齊邦媛女士曾為吳先生的散文編了一冊《吳魯芹散文選》（洪範書店出版），她在書的〈前言〉中就說「吳魯芹的散文，無論就文字風格，立論見解和融和了中西文化的時代性而論，可以傳世是無疑的」。又說魯芹先生的散文「典雅而瀟灑」，確乎如此。典雅，勢與寫文章的人的書卷氣和人生觀有關。而所謂人生觀，也就是一個人的哲學觀點了。書卷氣加上哲思，正好襯托出寫文章的人的真面目，也就是我在前面說的「不強辭奪理、不自我推銷、不矯造」。在李宜涯女士所著《當代人文剪影》一書中，作者就說：

> 解嚴後的臺灣，價值的標準開始趨向多元化，言論尺度大開，對國家的認同，也有不同的詮釋。而所謂的人文、倫理、道德，隨著人心慾求的解放，逐漸被視為陳舊迂腐，不符合現實的需求。……人文學者的聲音，被政治人物浮面的喧囂與激情取代。

基本上，上一代的知識分子和作家，我認為都還具有不刻意搖擺和堅定的氣節和立場。而這些，在二十世紀末期以降，卻逐漸淡出了。從事文學的人，紛紛誤迷「俗」途，爭相以名譽為創作主軸。而實際上，並不具備文學創作啟蒙導人的使命了。作者本身，泰半是虛浮的，不過舞臺上龍套的腳色卻要扮演正角。有小聰明，小技巧，而沒有大智慧，大格局。

吳魯芹先生卻是在那一個局面中頗能韜養、自清、慎獨，又有瀟灑風儀，嚴謹的藝術情操，鮮亮的人品的文士和作家（這或許與他長時身在域外有關）。吳先生的文字錘鍊精琢，顯得胸懷磊落，氣質潤澤。其道德勇氣若微風如浮雲，不羈不滯，更有露水的清涼。他寫作但為遣興，也為文學也為藝術，不是為寫作而寫作。他是有品味的純文人，其作品是有品味的純文學。

吳鴻藻真該死，你就把他全忘了好了

我親炙魯芹先生的風采是在一九八〇年代晚期的美國舊金山海灣區，在文友喻麗清女士春間的家居自助餐會上。那天，魯芹先生和夫人到得最晚。門開處，魯芹先生背著雨後清光立在那裏，霽色將他一頭華髮潑灑動人。淺藍色爽挺的西服、藍領帶、配上一雙纖塵不染的黑色皮鞋，淡雅中見出綽約，非常瀟灑適性。主人介紹已畢，我向魯芹先生道出當年在臺大做學生時對他「知其人而不知其文」的往事（魯芹先生當年在臺大任教時用的名字是吳鴻藻，而為文則是用筆名魯芹），他以很是悠緩的表情推出謙和的微笑，說：

「吳鴻藻真該死，你就把他全忘了好了。」

這就是魯芹先生的高級幽默。意思是：閣下眼下所見所識乃是文藻馳名的吳魯芹。

我於是再表示，當年做學生時，對在臺學院派的作家師輩，我最喜愛的兩位是梁實秋和吳魯芹，而如今我所喜愛的六十歲以上能寫出那樣高級散文的師輩作家，仍只得他們二位。魯芹先生聞言，依然推出謙和的笑，並且勻出一隻手放在我肩道：

「老弟，你這是當面給我高帽子戴了。作翻案文章，務必小心。慎之！慎之！」

「立吞」烤肉聚會

當年在臺大執教的吳魯芹，矮矮胖胖的身裁，總是穿著齊整乾淨俐落，腰板挺直，行動敏捷有度，予人奕煥之感。二十餘年後，他在江湖垂老，卻依然穿著如是，並不顯胖發福，看來英爽瀟灑不減昔日，更增了雍容藹雅豁達成熟的品操。魯芹先生對於他體重今昔保持均衡一點，答覆是這樣：他指著手中的餐碟，引用約翰・契佛當年決心戒掉縱飲無度的酒為例，說：

幾條青菜、小蝦三兩隻和微量肉類，這就夠了。這應該可以說明一切了。要想多活就少吃，要想多吃就少活。權衡之下，我選了前者。沒想到，來了美國，還是又發揮當年在臺的克難精神了。

客人都被吳老的幽默引笑起來。我就此接過話題，說日本有一種專門售賣湯麵的小型速食店，多散布於通衢驛站附近。爿面狹小，通常是在兩面牆壁上安裝了大約一尺寬的長條木板（無漆），當作桌子。不設椅凳，客人面壁就板站立消費，名之為「立呑」。呑者，大約取意省時快捷，便民。魯芹先生向素講求文字，聞說之後，拍掌叫絕，認為「立呑」二字大妙，言簡言賅，傳神之至。稱說為文之道，

首次「立呑會」時在吳魯芹家中合影。前排右起：金恆煒、莊因、吳魯芹、唐孟湘。後排右起：王敬弢、馬國光、段世堯。

正應如此。由於興奮，竟當場發出口頭邀約，請嘉賓們務必賞光擇期在吳府馬陵郡宅第舉行立吞烤肉聚會。

同年立吞會首度會員大會正式舉行。赴會者有前臺大退休名譽教授齊邦媛女士，文壇前輩殷張蘭熙女士，名作家陳秀美（若曦）及其夫婿段世堯學長，名作家喻麗清女士及其夫婿唐孟湘，馬國光（亮軒），金恆煒、張文翊夫婦，王敬弜、陳永秀夫婦及莊因、夏祖美夫婦。

文人相重

魯芹先生生於滬上，及長入武漢大學主攻英美文學。赴臺後在臺大外文系執教兼任美國新聞處顧問。一九六二年赴美講學，旋任職美國新聞總署迄於一九七九年退休。他是自幼長期與歐風美雨接觸的中國文人，但絕無一般滬上洋場作風及儇薄習氣，從不賣弄洋文知識。讀書達禮，為人虛懷謙藹，語出輕鬆，不沽名，不釣譽，思想博通，為文蘊藉。不腐、不狷、不霸，在中、西文化中汲取菁華。在他的身上，你可以看到涵蓋了中國傳統儒與道的士之風骨與行操，及文士的雅約；又可嗅到由西方文化神髓滋育所展現的典麗優美細緻的高級知識分子風潤。這樣的優質，在當代人文知識分子圈中並不多見。

魯芹先生曾告我，他實在喜歡紐約，也真願意長居是鄉。但是，紐約居大不易，太貴了。人分三、六、九等，真正懂得享受又能享受紐約生活的人屬於哪一等人，不言可喻。他坦言自己不是什麼志在山水之間的野鶴，這層意思，在他的文章中，是對於旅遊趨於一種時尚的「俗」事後的反諷。一言以蔽之，魯芹先生是一位極其講求精緻文化的人。

自古文人相輕。對此，魯芹先生頗不以為然。以他的教育、品操，和博通達觀的氣質，就寫過一本名為《文人相重》的書。有這樣的襟懷的現代人真的是太少了。魯迅先生曾言：「友誼，是兩顆心真誠相待，而不是一顆心對另一顆心的敲打。」可為注腳。

客中焚車記

八十年代令我有哀傷之感的人物述說之餘，尚有於我個人此生有關之大事兩樁也願在此一提。二事發生在二十世紀八十年代的年初與年尾，有驚無險，似乎把哀傷的氣氛略為沖淡了。

《淮南子》一書中有這樣的一段文字：

塞上叟失馬，人皆弔之。叟曰：「此何詎不為福？」數月，馬將胡駿馬而至。人皆賀之。曰：「此何詎不為禍？」其子好奇，墮而折髀。人皆弔之。父曰：「此何詎不為福？」一年，胡夷大入。丁壯戰死者十九。子獨以跛故，父子相保。

此處言禍與福實難逆料。對我而言，正復如是。

一九八〇年四月，歲次庚申暮春，紐澤西州普林斯頓大學東亞語文系教授陳大端學長來函，相邀暑期前往新英格蘭浮漭州 (State of Vermont) 之明德學院 (Middlebury College) 設帳，講授中國文化（明德學院向以歐洲主要語文——英、法、德、義、俄、西——為研習馳名。而尤以暑期語文班之辦理特著。一九六六年該校暑期語文班增設中文，委普林斯頓大學東亞語文系主持。該系教授陳大端先生為我臺大學長，力邀難卻。暑期班學生募自全國高等學府，尤以美東常春藤學府為主。開設以來，由於學生素質優異，成績卓然）。

我應聘去普城，投宿老友唐海濤兄府上。海濤與我為當年臺大中文研究所同學，昔日其與乃瑛嫂結褵，我出任儐相，彼此私交甚篤。一九六四年我離臺赴澳執教，翌年海濤應普大邀約來美在該校東亞系任教。

我對普林斯頓大學的印象，始自一九五二年。那年十一月，胡適先生自美訪臺，年底赴臺中在水源地新球場對大、中學生發表演講。我就讀的臺中二中高三乙班經學校指派代表出席參加。胡先生自駐美大使任上交卸職務後，即在普大葛斯德東方文庫從事藏書的整理與研究工作。一九六二年大哥莊申去普大攻讀，次年，臺大中文系學長鄭清茂兄亦往該校留學，見到照片上普大的校景，心嚮往之。

一九六八年全美亞洲研究學會年會在賓西凡尼亞州之費城舉行。我自西岸赴會，在會場與海濤晤面，會後應其邀約去普城一日。此番時隔十二寒暑，一九八〇年六月二訪普城，且在唐府歇腳。海濤乃瑛兄嫂盛情招待，把酒歡敘。上次見面，我猶未婚，海濤也來美未久，昔日鷹揚神采，仍停在二人眉梢吻間。而此番重見，彼此皆入中年，且兩鬢飛霜，逸興雖在，然豪情已減。談及當年做臺大研究生時的舊往，文學院前春朝花事，年年燕子去來，暮暮老鐘惕揚，或斂心勤習，或激辯發微，或縱酒高歌，或低昂抒豪，或秉燭夜遊，或橋戲達旦……都如秋葉飄墜，日沉西山。天涯懷故，關情最苦。唏噓惆悵之餘，我乘酒興漫成〈蝶戀花〉小詞一闋：

記得春鵑花爛漫。新燕來時，醉舞樓前院。年少鷹揚習鑄劍，人間不識滄桑變。
荏苒星移節序換。老去江湖，鬢邊秋霜見。惆悵花前天向晚，普城西望長安遠。

海濤見了，即席奉和。詞曰：

曾是當年春爛漫。一片丹心，照向誰家院。意氣恆存書與劍，關情最苦山河變。
暮色蒼茫天欲晚，凝眸東望魂飛遠。

那天飲酒暢談，興致高亢，深夜始就寢。

浮漭州人以該地青山含媚、綠野宜人自美，號稱該州「青山州」(Green Mountain State)。浮漭州西疆毗連紐約州，中有香波瀾湖(Lake Champlain)，北源加拿大，迤邐南延，狀如神斧開山，將浮漭與紐約二州劈破為二。明德城離香波瀾湖十八英里，明德學院建校於是，環青山而面秀水，疇野遼闊，垂楊處處，一派中國江南景色。

六月十二日，天氣朗佳，午後三時許，海濤與我裝車既畢，便告登途。自普城北去，全程三百餘英里，預計當日夜十一時左右可抵明德。海濤老馬識途，由他駕駛。五時初過，進入紐約州。上了八十七號公路後，路面忽顯坦寬。但見遠山如龍臥，行雲舞霓裳。想起了辛稼軒詞「我見青山多嫵媚，料青山見我應如是。情與貌，略相似」，真是顏開心放。但忽然憶起東坡先生「多情應笑我早生華髮」句，又不禁搔首凝重了。

話說七時方過，海濤駕車正以每小時七十哩速度北向急馳，在距紐約州首府「我幫你」(Albany) 三十哩處，車尾引擎（德製「平民車」引擎一向置於後部）突然發出巨吼，如成串燃點的爆竹，劈劈啪啪，好不嚇人。震得海濤與我膽戰心驚，怵然相視。此時，車身忽然搖顫不已，速度銳減。二人面面相視，情知不妙。正擬滑停路邊檢視，但見一車追上我們，車中人張口大叫，狂鳴喇叭，頻頻作出停車手勢。由於既聽不清對方呼喊什麼，心中發冷，只當急速停車，必定大事不妙也。海濤緊急剎車，二人落車直奔車尾，看時，苦也！苦也。不禁「啊呀」大叫一聲，有分教：

驚魂猶未定，動魄更已飛。

原來車尾底部早已熊熊烈火一片，半尺來長的火舌隨風突竄，直燒到保險橫槓上來。那金屬漆膠和著機油燎炙的強烈氣味，一似打翻了五十個南貨店內的鹹魚、皮蛋和醬菜，倒在燃燒的油漆之中，燻得二人眼中噙淚，喉頭嗆煙。事發何其突然，一時竟愣愣不知所措。此等扣人心弦景象，平時僅在警探緝盜、追車撞岩或汽車翻落陡崖起火燃燒的電影中才可看到，如今自己由觀眾變成了主角，六神無主，不知如何是好。一分鐘前，輕車猶似長蛟翻浪，現時卻如離水縮頸之鼈。造化作弄，何其無情！

正惶惑間，還是海濤若有所悟。他一個箭步，跳入路旁低凹處的亂草叢中，尋得廢棄的車胎膠皮一條，用之揮撲滅火。怎奈那火舌已自竄升過高，這邊抑控了，而那邊又突燎更烈，甚至車身後面兩側也告燃燒起來。眼見車中物什，轉瞬之間將付之一炬，我於是把海濤拉向一旁，大叫道：「趕快打開後門，搶救東西要緊！」他聞言連連稱是，取出口袋中的鑰匙開鎖。豈料鑰匙孔因金屬遇熱膨脹，業已變形，任憑他左旋右轉，再也打不開車門了。我急忙撿拾碎石兩塊，投砸玻璃。殊知石頭體積過小，三擲而無結果。

於是奔向車的右旁，打開車門，將後座上所置之衣箱提出，拋在路旁。正擬拖取衣箱下之書箱，海濤過來，一把將我拉到旁邊，忙道：「算了！算了！趕快走開，油箱隨時可能爆炸。身外之物，由它去吧！」他又拍拍胸脯，道：「水淹不更名，火燒不改姓，坦蕩為人，何怕天譴。」我以手指頭苦笑說：「對。知識都在這裏。白紙黑字，早晚腐朽，留也無益。」正是：留得青山在，不怕沒柴燒。幸得二人毫髮無損，已是不幸中之大幸，何況燒盡箱篋，從此不再讀書，學那陶朱、子房，寄身湖光山色，如閒雲野鶴，不再與擾攘世事糾纏，何嘗不是福樂，也不必再為稻粱謀，為令名苦了。宋代大詞家辛稼軒有詞調寄〈鷓鴣天〉云：

不向長安路上行，卻教山寺厭逢迎。味無味處行吾樂，材不材間過此生。寧作我，豈其卿。人間走遍卻歸耕。一松一竹真朋友，山鳥山花好弟兄。

無慮無憂，攜家帶小，自去那水涯岩岸，結廬屯墾，過他後半輩子逍遙閒散生活，不亦快哉！

正在神馳忘我之際，忽聽得「咔嚓」一聲。回頭定睛望去，只見公路上迎面馳來大貨櫃車一輛，急煞車停在眼前。但見自車上躍下赤膊大漢一名，手拎兩筒泡沫救火筒，踉蹌朝海濤與我處奔來，張口大叫：「站開！站開！」海濤與我見到救星，幸慶吉人自有天相。

那壯漢飛縱車旁，打開救火筒，沒頭腦向烈火噴澆。不及兩分鐘，火舌仍舔竄，而筒中泡沫已盡。壯士聳肩攤手，表示仁至義盡，無能為力了。海濤與我連連稱謝，目送壯士垂頭喪氣去了。此時，海濤的車早已被燒得劈啪作響，火海一片，濃煙衝天。人到此時，萬念俱消，反倒心安理得了。二人默然無語，索性袖手旁觀起來。彼此互望，但覺一切來得太快，蹊蹺荒謬，啞口無言，於是會心笑了。

此時，公路巡邏警車趕到。海濤與我趨前相迎，方欲言說，對方伸手搖擺，連道：「罷了！罷了！不必多說了，認倒楣吧！」(O.K. Forget it. Tough luck!) 數分鐘後，救火車馳來。警伯勸開四圍觀火路人，指揮救災。約七時許，火勢完全控制。觀眾紛紛登車離去，但留下車屍獨對黃昏。晚風習習，好生悽涼。佇立極目，但見原野寂寥，遠山漠漠，紅日西沉，殘霞照天。劫後餘生，驚魂甫定，對於事件之意外發生，幾乎難以置信。然則，事實就是如此這般，時耶？命耶？其奈它何！正是：

萬事有命何由懼，千秋無窮方可期！

警伯大人問過我們口供，作成紀錄。海濤出示證件，畫押填表如儀。稍後，警伯以其手機召人將車屍拖走。諸事已了，警伯大人邀我二人登上警車，聲稱將我們送至就近小城去。看錶，時為美國東部夏令時間午後八時零三分。有分教：

一個束手，一個抓瞎；
難兄難弟，亡命天涯。

海濤找到公用電話，簡短向乃瑛嫂報告事發始末。二人隨即尋了一家義大利餐館胡亂進食，旋購長途汽車票二張，於九時先返紐約，再轉普城。抵步時，已是翌日清晨一時許了。

進得唐府家門，女主人滿斟大麯兩杯，著海濤與我飲了壓驚。繼之，又捧出鍋貼蒸餃並牛肉湯及熱炒兩盤。二人大啖一足。燈下談說焚車之事，彷彿南柯一夢，不足惜、不足懼、更不足慮，但覺好笑。諺云：「塞翁失馬，焉知非福。」酒足飯飽，二人各占打油一首以誌其事：

乍見車焚膽欲驚，既知無奈意轉寧；
烈火熊熊閒心在，風波處處是人生。（海濤）

車焚魂驚在半途，束手無援立踟躕；
江湖路上多險巇，世間難料禍與福。（莊因）

海濤與我，俱幼逢戰亂，流離失所。繼之顛沛赴臺，又漂洋過海，棲遲他鄉。雖則苦辛，也都僥倖過了。江湖風浪，人生苦樂，也不過如此如此。拋開名利，忘卻營營，有驚無險，堪稱福氣。但願此生健康福順，有下半輩子可供逍遙，夫復他求！

鐘鳴三響，遙想西岸加州酒蟹居中妻兒，不知此時已就寢未？遂撥電話，報告此事。妻詢以所焚何物，雖頭腦昏昏，睡意襲人，爰就記憶所及，數出未焚物數件，計開：毛筆二枝，墨一錠，硯一方，菸斗一隻，菸草一包，稿紙三疊，未成稿件一份，參考書數冊，眼鏡一付，鞋拔子一隻，機票一張。

報告既畢，遂登樓入寢。一宿好眠，不知東方之既白。

小命不該絕的大病

此身雖在堪驚的「焚車」大事言畢，再說二十世紀八十年代險些做了「素人」（植物人）的另一樁大事。

一九八九年三月，妻返臺北歸寧。留下兒子與我在酒蟹居相依為命。伊離家約一週後某日早晨，兒子已去學校上課，我但覺頭痛難當，意志不清。初以為是感染了時令症，乃吞服阿斯匹靈數粒，但未見好轉。雙眼含淚，全身發熱，不思起床。下午，妻的妹夫建安老弟及其妻阿葳，帶了菜餚來探。見我眼色恍惚，口齒不清，且因發燒而面紅耳赤，遂不由分說，強押我登車逕去醫院求治。

到了醫院，排隊掛號急診。此時巧遇該院醫師鄺大夫，渠以粵語與建安老弟交談，略知我的病情，因見我面紅耳赤，容顏枯槁，於是肅容諫曰：「不必排隊急診求醫了，急診不可能有專科醫生特別照料。宜速往X光科作頭部照視（M.R.I.）專門檢查，事不宜遲。」於是一照之下，醫生肅容相告：「腦中排水導管發炎淤塞，故腦部積水。宜住院詳細檢查，盡速動手術。」建安老弟立即馳電臺北，告之我妻實情，促其盡速趕返，同時為我洽辦住院手續。次日妻即返美，立赴院辦理開刀同意授權書，隨即送我入手術室，在腦殼頂右後方鑿一洞裝進人工導管排水，手術進行了一小時。

主治醫師斷定我的病例為癌患，著即進行一系列後續抽樣驗查，結果全與癌症無關。醫師大惑不解。我的病情因無即時藥石救治而告急，遂陷入昏睡，人事不知。醫師於是放棄治療，召見我妻，當面宣告我的活命期最多半年，勸說應有心理準備，預料後事云云。妻忍淚吞聲，歸家後不知如何對誠兒言說。而親友得此訊息後，咸不能信，也只有唏噓感嘆。

而就在我的六個月存活期中，意想不到的事發生了。我們的一位朋友趙女士，在東灣自宅中宴請伊之老同學凱西小姐自美東來加州度假，歡會中談及我的病情。凱西小姐係臺大醫科卒業，來美專攻腦科，為腦膜炎病理專家。她依據趙女士口述，初步臆斷我所患為「肺結核菌感染腦膜炎症」。遂即刻自告奮勇，與妻電話聯絡，願意主動探訪病人。於觀察之後，又自妻的供述中大略知悉我的背景經歷及年歲，斷言我所患的症狀定係肺結核菌感染之腦膜炎症無他。她說，在東部醫院工作期中曾有數次華裔病患有此病之類似情況。

至此，我的主治醫師徵得凱西小姐之二手判斷後，同意將我這匹「死馬」當作活馬醫治。凱西小姐為了病情需要，要求我的主治醫師儘量設法快速取得上世紀三十年代美國針對肺結核菌所研製最強之藥劑搶救我的病情。二週之後，我不期藥到病除，酒蟹居主人免於一死。洋大夫不能置信，卻不得不承認凱西小姐之聖明。於是將我的病例正式定名為「假定性肺結核菌感染腦膜炎症」(Assumed Tuberculosis Meningitis)。凱西小姐笑謂我道：「假定就假定好了。咱們東方人之情況洋人實難掌握。但自以為是將莊先生病情誤判為癌，確係疏失。幸好洋大夫量大，接受了我這管閒事的大夫的二手診斷。是福不是禍，是禍躲不過。恭喜莊先生。」

我自加護病房復甦、復健，重返一般病房，醫院內上下交「異」。無不對我這已被醫師放棄，而竟然命不該絕，起死回生的怪物目為異數，嘖嘖稱奇。在住院治療過程中，對於所發生之一切，凡我能留下清晰印象的，都是好事；凡不愉快及痛苦之事，未留分寸記憶。所謂「福」者，此之謂歟？

住院期間，臺、港、大陸、美、韓、日、澳（大利亞）之親友紛紛來電、函慰有加，深情厚誼，令人感動。建安老弟於每日公務下班後，必先至醫院，俟我用餐完畢始返家。凡此種種，均非我三言兩句可盡銘心感恩。而灣區兩位佛學大師（北加州萬佛城住持宣化上人，柏克萊雲林禪寺黑教密宗大師林雲）先後率法師、弟子聚眾二十餘人前往醫院探視。院方不知我係何方神聖(VIP)。四月二十三日午後小寐醒來，見酒蟹居常客柏克萊加州大學東方語文系教授薛西利亞朱女士來訪，手持書有 We All Love You 之布幔站在床前，笑謂我道：「真高興見到你恢復得如此之快而好。」我心激盪，人生至此，死而無憾矣。

住院一個半月後，返家復健。口服用藥品近十種，五顏六色，形狀各異。服藥每日有定期。為此，妻每夜按時喚我起床服藥，幾乎無有充分睡眠。娘子慧心真情，余知之矣！

二十世紀的八十年代，對我而言，也許「多災多難」這四個字，要比「哀傷」兩字來得更其明確，是更其名副其實的形容吧！

第十一部分

二十世紀的最後十年

二十世紀佔有我大半生……
是我棲遲天涯，永遠懷鄉的世紀。
幸好我沒有結束一生而仍活在這個世紀。
我愛它，我恨它，也感念它。

逍遙遊

「最後」這兩個字，不管如何用，總予人一種沉重的感覺。也就是說，這意味在生命的流程中，或是說在歷史的延續上，到了某一階段，突然嘎巴一聲斷了，告終了。其實生命還在延伸，歷史仍然在發展。但是某一個特定階段的終止，卻代表了生命史上的某一階段的完結。比方說，「上一封信，是我給王二的最後一封信」這一句話，意思是說，從我將白紙黑字裝進信封，貼上郵票，投入信筒，不管我以前給王二寫過多少信，到此為止，不再寫了。不論對王二和我會發生什麼，總而言之我不再給他寫信，王二也此後永無機會接到我給他的信了。

二十世紀的最後十年，也正復如此。並不是說二十世紀已然完結，是世界末日了，而是說一世紀的一百年最後階段的那十年。十年之後，又是另一個世紀。時光永續，但是「二十世紀」卻告終了。接下去再也不可能重用「二十」來記錄世紀了。我之所以說「最後」二字總予人沉重之感，此之謂也。

二十世紀過了，我還存在，且又活進了另一世紀。在感覺上，這比只存活在二十世紀予人新的欣喜。兼跨兩個世紀，這比唯「一」好。也正是為其如此，心情比較沉重。

在二十世紀的最後十年中的首要大事是我的退休。

首要大事——我的退休

年少時，當大人及父執輩年屆榮退之時，總覺得「退休」二字非常突兀刺耳螫目。它纏裹著「老」，像上古史一般杳邈。但是，緊接著上一代人相繼於不知覺間物故或身退，驚悚未定，忽然發覺自己也接上去了。苦短人生，數十寒暑彈指即過，垂垂老矣。我說「老」，不是一個形容詞，而是說人生的某一階段，是指我的感覺。到了耳順之年，某次在外面餐罷，居然身邊與我同行的一位年輕朋友伸手攙我下臺階，於是心中暗自哀嘆「苦也！」因為我留給別人的印象是「老」了。

一九九三年，我所執教的學校史丹福大學，為了裁舊布新，送老迎菁，帶動教育的日新月異，使其如澎湃之長江大河，宣告以加發三年薪資為餌以激勸近屆花甲「老」字號緣近的耆英碩儒，提前退休。當時的我，利不能誘，威武不屈，雖也有人在江海，廉頗老矣之感，但覺精力猶盛，消化系統堪稱健好，無疾病纏身，耳仍聰，目仍明，豈可在年輕人前服老告退？於是，中流砥柱，巋然不動。沒想到五年之後，齡屆法定退休之年，雖云只要可以提出醫方證明，表示老身頑健，仍可續執教鞭；然則，對自己於現代科技新寵電腦一物竟不知如何掌控之尷尬，終覺不可丟人現眼，應該知難而退了。

退休之念既生，與妻相商，未期獲得大力支持並恩准。於是鼓勇辦理一切退職相關手續：陳報系方，前後三次前往政府社會福利保險制度有關單位申報老人退休，最後與校方承辦退休事宜人員約談，出乎意料之外，瑣細煩人程序竟長達四月。然則，其間亦有快事一二，系主任出面寵邀繼續擔任「書藝」(Calligraphy) 一課之教學；原有之研究室得以留用。

打扮稱頭、服飾佳爽、風風光光主動退隱

「退休」一詞，係自英文 retirement 譯介而來。中國古稱「致仕」（或「致事」）。但是，這只是今日知識分子或舊時的讀書人「士」（大夫）所專用的，農、工、商界人士不得兼而享之。英文動詞 retire 中之 tire，古英語意為「打扮」（裝飾），但也有「疲累」及「厭倦」的意思。而 retire 一詞中之 re，則有多種涵義：一為「反覆」、「加強」（如 research, remodel）；一為「否定」（如 return）；一為「隱退」、「祕密」（如 remote）；一為「離去」（如 retreat）。是故，英文 retire 一字，私意以為僅譯為「退休」，似未盡全意，實該

譯為「打扮稱頭、服飾佳爽、風風光光主動退隱」。美國已過世的總統雷根先生，年逾七十退休，在他老人癡呆症病發之前，衣履挺亮、髮式舒整、腰身修直、面色光潤，完全沒有 tired 一字予人疲累、陳腐、老舊之感，的的確確證實了「退休」一語的真義。中國人所謂「隱退」，隱者，深藏不露也。而非說自公職退休之後，就隱姓埋名、漁樵山水，做一個武陵人去了。這也才是「退隱」的實質。當年蜀相諸葛孔明先生隱於草廬，那是以退為進。劉玄德三顧茅廬之後就又露臉出身了。輔佐蜀漢名垂萬古。而所謂「退」，不是退縮，也非退避，而實係暫時退出擾攘人事之局，伺機復出，留給自己一條後路。並不是就此承認一了百了的「完了」。

仰天大笑出門去，我輩豈是蓬蒿人

人到退休之時，名與利實皆身外之物，富貴猶似浮雲，不使氣，不莽動，因為此時正是一生中之最高境界。可以「天生我材必有用」自勵，靜觀其變，循機再出發。白居易〈長恨歌〉有句云：「上窮碧落下黃泉，兩處茫茫皆不見。」倘若可以借來用喻名與利，除了神經稍嫌愚鈍不靈之人，都應曉得榮華富貴，早如過眼雲煙，退休之前，縱或為此奔忙；而一旦退而休之，也該放手釋然了。心如明鏡，不惹塵埃。「仰天大笑出門去，我輩豈是蓬蒿人。」靜心冷眼觀望宇宙，看透人生，此其時矣。「休」者，英文之意為 stop, cease, rest, recuperate，中文謂之「休養生息」(rest and build up strength)，正是此意。休，還有「休整」的意思，英文謂 rest and reorganization，實是其義中外皆一。

「先休班」開課！

我在前面已說，退休乃是蓄勢待發，知曉了這一層含蓄的意思，我們不妨把它說成是「先休班」。乃是既退尚未休（告別人生）之前，應有之心理調適。因為退休前後，生活步調顯有大異，在生活安排上亦應有另一番布署。退休之前，不論職位高下，大凡是自己採取「動」的方式，吐養生息。而退了以後，由動入靜，攝取居多，逸揚轉為守訥。環顧左右，但見已退之人排列向你微笑招手，這「先休班」就是避免使自己退而休之之後，心理歉然，全無準備因應。退休不是奔瀑落巖，降入萬丈深淵，而是人在山澗水涯之處，拾級而下，回首觀瀑，那便必然是有驚而無恐了。

第一堂課——調適

所謂「調適」，是要先取得高遠境界。這也即「先休班」的第一門功課。

李白有詩云：「眾鳥高飛盡，孤雲獨去閒。」正是所謂的高遠境界。散步應為每日運動，時而作仰視白雲齊之姿，這是滌胸擴臆的基本功夫。唐朝詩家柳宗元有〈漁翁〉古詩一首，詩曰：「漁翁夜傍西巖宿，曉汲清湘燃楚竹。煙銷日出不見人，欸乃一聲山水綠。迴看天際下中流，巖上無心雲相逐。」在中流回首觀雲戲逐於巖上，樂何如之。而水上清涼令人達怡，心中了無罣礙，有了此等心境，「先休班」的第一門功課可稱已然過關了。

第二堂課——培養「正氣」

先休班的第二門必修課，乃培養「正氣」。宋代大詞人辛稼軒有詞云：「不向長安路上行，卻教山寺厭逢迎。味無味處行吾樂，材不材間過此生。寧作我，豈其卿。人間走遍卻歸耕。一松一竹真朋友，山鳥山花好弟兄。」甘於清寂，忘卻營營，則必然正氣凜凜。不要去看管他人如何如何，但過自己的日子。逍遙自在，便沒有煩惱。可以把松、竹、花、鳥視作朋友，你定然不會有「棄我去者昨日之日不可留，亂我心者今日之日多煩憂」的苦況了。

第三堂課——再做「新鮮人」

先休班的第三門必修課，是要讓自己十十足足再變成一個「新鮮人」(freshman)。所謂十十足足，是必須有坦坦蕩蕩，從從容容，舒舒爽爽，自自然然，真真切切的感受；不認為自己已是一個社會畢業生(Graduate)，倚老賣老。諺云：「活到老，學到老。」正是此意。何況當此科技時代，形形色色一夕萬變，基是之故，你非做一個新鮮人不可。前北京語言學院院長呂必松教授，曾以「我在氣中，氣在我中；天人合一，氣為我用」十六字相贈，我願在此鄭重推介給已退休的朋友，細細體會，必當受用。

第四堂課——返老還童

第四門必修的先休班功課，是儘量使自己返老還童。不必憤世嫉俗，勿須不苟言笑，更無需自戴高帽，認為高人一等。孔老夫子說：「三人行，必有我師焉。」這不是掛在嘴邊的一句老生常談，而是要切切實實去虛懷納人的。

我在二〇〇三年，跨入古希之境，寫了一首〈天地一沙鷗〉的打油詩自壽，似也可供退休朋友的參考：

七十古希今不希[1]，滿街耄耋多如鯽。

---

[1] 昔張岳軍先生曾言，人生七十方始。

冬去春來時序換，有幸重做小癩皮。
逆來順受弗著急❷，嘻嘻哈哈嘻哈嘻。
老伴說啥不回嘴❸，道是大智若癡愚。
一言九鼎夫人好，緊跟密隨似膠漆。
點頭如搗蒜，連連稱「是的」❹。
「紅粉」「二奶」一腳踢，天下女人數俺妻。
婦唱夫隨齊眉樂，地久天長無盡期。
飛！飛！飛！低！低！低❺！
唐突小子準挨批，灰頭土臉沒傍依。

❷ 藏拙不露，以退為進。
❸ 此莊門獨招之「順耳功」也。老伴之言，不必盡信，但聽聞勿語言。一耳進，一耳出，可也。
❹ 英語謂 Yes Mme (madame) 也。
❺ 諺云：人往高處走。要自留剩餘價值，使老伴親友覺得尚有可為。但是，切勿沾沾自喜。可以表現，然適可而止。

好好幹，心別虛。
肺腑吐真言，童叟不相欺。
長命自有上天梯，少吃豬牛鴨與雞，豆腐青菜黃花魚。
老僧入定君莫笑❻，南北過了即東西。
流水席開通宵旦，細嚼慢嚥若春泥。
氣和神閑修福壽，保你活到一百一。

我愛、我恨、我感念的二十世紀

二十世紀是佔有我大半生的世紀；是我降生人世後取得「中國人」身分的世紀；是我喪失了「中國」的世紀；是中國在歷史上一分為二的世紀；是我歷經戰亂（第二次世界大戰、國共內戰）的世紀；是我流浪的世紀（先臺灣、後澳洲美國）；是我完成百分之百的中國教育的世紀；是我棲遲天涯，永遠懷鄉的世紀。幸好我沒有結束一生在這個世紀。我愛它，我恨它，也感念它。

❻ 心中自有分寸。有道是：條條大路通羅馬。東西南北，沒有行不通者。

追雲隨月

二十世紀最後十年中的第二樁大事，是於一九九九年二度回歸中國的「追雲隨月」之旅。（請參考臺灣三民書局莊因著《八千里路雲和月》一書中「追雲隨月」散文六篇。）

八千里路，追雲隨月

一九八一年三月十二日，我與在美大學任教的六位君子朋友（史丹福大學王靖宇、華盛頓大學王靖獻〔楊牧〕、印第安娜大學李歐梵、威斯康辛大學劉紹銘、耶魯大學鄭愁予、麻州大學鄭清茂），應中國文化部之邀，訪問中國三週。返美後，我寫了九篇散文記行，在臺灣的《聯合報・副刊》及美國《加州日報》發表。之後，集散篇於一書，名為《八千里路雲和月》交純文學出版社出版（純文學出版社於一九九五年關閉。《八千里路雲和月》一書轉由三民書局出版）。

所謂「追雲隨月」，是說事隔十八年的二度回歸大陸。這次不是隨眾，但也非獨行。有喆弟靈弟夫婦，還有朋友莊伯和與他的夫人，我的兒子莊誠同行。沒有官式特別安排，行程全由己控。這次的中國之旅都在長江以南，未涉北方，完全是為了懷念在中國成長期在各地度過的歲月。說是「回歸」，倒真是名副其實。

一九八一年隨眾應邀的還鄉之旅，因同行全團八人都來自臺灣，而該時正值中國改革開放初期，海內外的聯繫異常敏感；於是，臺灣的文化界，有人竟喻我們為圍繞在白雪公主身邊的「七矮人」，辱責我們接受中國官方的邀請。在我們去大陸後的二十餘年中，遊走過神州各地的臺灣人士已不知凡幾。當年辱責我們是不分漢賊的「小」人，而不期這些「大」人先生們的骨頭也並不堅硬。諺云「萬事起頭難」，真是不爽。去中國，我們是「由小而大」而非由大而小，中國

1981年與李歐梵（後排左起）、楊牧、鄭愁予、王靖宇、鄭清茂（前排左起）、劉紹銘等六位教授訪問中國。

人的「自大狂」果真需要自省一下了。

無情對面是山河

一九九九年的還鄉之旅，也是我的青春逝歲之旅。

有一首名為〈瀟灑走一回〉的臺港流行歌曲，其中有這樣兩句：「我拿青春賭明天，你用真情換此生。」每一聆之便有身不由己的悵痛；因為青春已逝，今生無多，已經沒有「瀟灑」的本錢了。

辛稼軒有詞云：「聽我尊前醉後歌，人生無奈別離何。但使情親千里近，須信。無情對面是山河。」我，一個白頭離亂的旅人，在一九八一年的還鄉之旅短短三週行程中尚未深切感受到的「人生無奈別離何」，而這一次，「情親千里近，須信。無情對面是山河」，是完完全全地驚覺了。驚覺的原因乃是「獨」(不是隨隊應邀)有的閒。中國在壯大富強中，但此生恐無望成為一個真正浮游於中國三江五湖上的中國人了。

「中國人」這三個字，或是說這個詞，到了二十世紀，忽然變得很怪異、很不可思議、很令人感到遺憾，也頗令人感到無奈與不解起來。這怎麼說？自從一九四九年國共各在中國大陸與臺灣分治以來，「中國人」便被無情地割切為二了。「中國」這個有歷史文化民族色彩的尊號，竟被政治分割，於是，在臺灣島上的「中華民國」遂漸然把與中國大陸之間的歷史文化民族臍帶剪斷了。在臺灣，由於政治上漢賊不兩立的歷史因由情結的延承，「中華民國」與「中華人民共和國」便不能等同於一個中國了。我所謂的「一個中國」，是歷史文化上一直由「中國」統攝，是中國人長治久居的一塊土地。加上臺灣在近代史上被滿清割讓給日本而二次世界大戰之後又由中國國民黨政府光復，卻長期孤懸於海上與母體大陸分割的地理緣由，到了二十世紀的中期，「中華民國」這個原本代表中國的名號，漸漸地，明分暗化地，竟為「臺灣」所取代了。一些激進的政治集團與人物，為了突顯並達到政治上的利益，在各方面使力削減在臺灣的「中國」情結，而突出「臺灣」。於是，原先在歷史文化上被中國人及世界上不同民族種族所認同的「中國」這個名詞，在臺灣，變得越來越模糊了。大家所熟悉、所認同、所感受的歷史文化上的中國，被政治上由「中華人民共和國」這個「國」所專用取代，而在臺灣的中國人也逐漸放棄了。在臺灣，在歷史上文化上的「中國」缺氧，在文化人類學上的「中國人」，遂演變成了「臺灣人」；而某些瘋狂無知小鼻子小臉的政治人物，更蠻橫地一味強調政治上的「中國」，而抹殺文化歷史上的民族「中國」，更表現出在臺灣的中國人不得再向歷史文化上的「中國」認同。這些人以為，窒息了「中國」給養，「中華民國」就消失，「臺灣」就獨立了。

在臺灣，原屬文化人類學上的「中國人」，也許可被稱之為政治上的「臺灣人」。不過，何以自認為歷史文化人類學上的「中國人」，竟不能繼續認同歷史文化的中國，而勢須與「中國」這個名稱切割呢？「中國」，在臺灣，當今竟變成了一批政客手中騙取觀眾表演魔術的道具了。他們的「中國」，故意掩飾去歷史文化的一面，故意模糊中國的歷史文化，而逕以政治打造「中國」形象。於是乎，這也就演進成為當今最不能讓人心悅誠服而對「中國」表態的大關鍵了。因為，這些人太自私了，太無理取鬧了，太可笑了，也太不能令人寬諒同情了。

我所提出的這個「中國人」的問題，因為在政治上太其敏感，故在臺灣，人民儘量避免使用，而政治人物也無人願意登高一呼，對它加以（原本並不需要的）釐清說明。文化界的有識之士，也無人甘冒風險挺身一辯，都頗令人心痛失望。受教育的年輕人，在臺灣，常變成是非不明，對於自己身為一個歷史文化人類學上的「中國人」的涵義，已經在意識型態上僵固了。當年中國共產黨在文化大革命中的火紅蠻幹，沒有人敢吭聲嗆聲；在臺灣，在民進黨的執政時期，也無人吭聲嗆聲。

早年（一九五〇至一九七〇年代），說穿了，自臺灣出國的人，情感上回歸歷史文化上的中國，那不是也不代表政治意識的回歸，那只是戀舊念舊情懷，不是臺灣政治口號所謂的「投匪」。思漢，思鄉，想家，都係「鄉愁」使然。倘若不然，他們早就不是「華僑」了。我自己曾在一九八一年被臺灣文化界人士喻為「文化七矮」中的一矮，不過，我一直沒有放棄自己屬於歷史文化上人類學上「中國人」的認知。我想，而且也認為，其他的文化六矮，也依然是歷史文化上的「中國人」。不僅如此，在臺灣的人民（包括不願意坦承自己是「中國人」的人），也依然都是歷史文化人類學上的「中國人」。身為一個這樣的中國人，沒有什麼令人丟臉之處，也並不表示不愛臺灣。相反地，當足以大大自豪。難道就因為政治上的炒作，寧願拋棄世界上大中國歷史文化上的「中國人」身分，而只求披上小臺灣島上獨家特創的小政治「臺灣人」的外衣嗎？總之，「中國人」這個詞彙，其應具有政治上（在中華人民共和國政府統轄下的國民）及歷史文化人類學上的不同義涵的事實，我們一定要區分清楚，不要再讓它成為臺灣政客及某些草根性強烈的人手中變魔術的一項道具了。

第十二部分

二十一新世紀

媽媽，您不要顧慮也不要害怕，
請將您那雙至大完美的手給我，
我會緊握了，
無論是乘風抑或桴海，
都會帶您回到長白山下的松花江畔，
您終老不能回歸的故鄉去的。

海內海外一家親

退休是「退」，是一個人大半生人生路的約歸。但是，結婚則是「進」，是一個人在人生中從「獨」走入「共」的新途程。對於莊家而言，我兒莊誠的完婚，正是延名立萬的「始」，是莊氏一族再度踏上康莊大道的首途。我言「康莊大道」，不僅只是成語的適用，而「康」恰為我兒媳的名，「康」與「莊」名姓巧妙的配合，道出了莊誠與李康結褵的緣分。為了他們二人的婚配，我曾寫了杜甫詩句「兩箇黃鸝鳴翠柳，一行白鷺上青天」十四字為賀為贈，寄望他們的婚姻諧樂美好，前程似錦。此外，我還自製了「誠實立德、康健為本」的八字聯語，期勉他倆成家於海外，基本上，也算得是國族的大我意識及莊、李結合的小我懇切綿延的期盼。

莊誠和李康的婚禮，沒有慣常嘉賓雲集及莊嚴隆重的盛大儀式。他們是於二〇〇五年三月十八日在亞歷桑那州 (State of Arizona) 的 Tucson 市政府辦理公證結婚的。這是他倆的選定，我和妻完全尊重。由於李康的父母遠在中國陝西省西安市，不克前來觀禮，我與妻遂決定南下出席並對新人親予祝福。誠、康婚後，我們議定七月三日在加州北部

2005 年莊誠、李康結婚，我為他二人所做八字聯語：「誠實立德，康健為本。」

2006 年到西安會親，與李玉明親家夫婦（前排左起）及外婆合影。後立者為莊誠、李康。

舉行喜筵，邀宴親友並介紹新人。是日，雖然親家玉明秀芹兄嫂仍不克親蒞，但玉明兄寫了一份情深詞切的書面發言，於筵前由我妻代為宣讀：

尊敬的莊因先生、夏祖美女士親家兄嫂，尊敬的各位嘉賓，親戚朋友，女士先生們：

今天是愛女李康和愛婿莊誠於二〇〇五年三月十八日婚後，莊親家在加州舉行婚宴的日子。我們本應親自參加，但因諸多原因不能成行，謹向諸位嘉賓表示歉意。雖然，我們的心仍然在場，非常高興能與大家同感同賀。

我二十九歲有了女兒李康。在那多少個艱辛忙亂的日子裏，總盼望著孩子快快長大。即使長不大，她也是我的淘氣，我的朋友。但，突然間她長大了，有了漂亮，有了健康，有了知識，現在更做了幸福的新娘。我的過去，讓我最溫暖也讓我最牽腸掛肚及有極大的壓力的事，就是我有了寶貝女兒李康。我們沒有男孩，且李康是獨生女，我一直把她當成希望之光。

我是從十分困苦的境遇中走過來的人。我發誓不讓我的孩子像我過去那樣貧苦和坎坷。我苛求她高目標的讀書，自強不息；但願她又必須善良、寬容。我曾對她粗暴呵斥，甚或打罵，但卻十分疼愛。在事關女兒的前途、命運的大事上，我從不自私。當年，我的父親是一個農民，為了能讓我唸書，我走出了家門也跨越了秦嶺而讓他感到欣慰。今天，李康也使我有了我父親的欣慰。我感謝我的女兒，我也祝福我的女兒。

女大當婚，隨著孩子年齡的增長，特別是她年近三十的時候，我和她的母親越發感情複雜。一方面我們希望她學業有成，卻又擔心她離家去國遠在異鄉，單身闖煉，而迎接她的又是怎樣的一個未來！另一方面，我們多麼希望她有意中人，能獲得自己應有的幸福。而她終於尋到了意中人，那就是優秀俊朗的愛婿莊誠。

親家公莊因兄，為誠、康的婚禮題詞曰：「誠實立德，康健為本。」我的朋友知名作家賈平凹先生也題詞為賀：「鳳棲常近日，鶴夢不離雲。」誠、康當嚴誌銘心。莊誠李康的結合，是中國北京和西安文化上的美滿姻緣，是非常令人愉快的。他們兩人的婚姻也一定會幸福、燦爛和美滿。遠在西安的我們，為他們祝福，也為他們高興。祝他們天長地久。

各位嘉賓，你們是莊家尊貴的至友親朋，這自然也是我們的至友親朋。希望諸位在往後的日子裏，能關照愛護誠康這兩個孩子。我拜託大家，向大家鞠躬。

謝謝莊因祖美親家兄嫂，謝謝大家。

李玉明

二〇〇五年七月三日中國西安

玉明兄的書面講稿，寫得懇切真誠，極有感情。我也著實為誠兒能有一個自西安來的女子李康為妻而感到幸福欣慰。誠如玉明兄所言，誠康的結合，是北京、西安兩大中國文化古都的結合，是傳統的延續。特別是誠、康人在海外，這段良緣真的是令人有天長地久日月生輝的美好之感。

莊誠李康的婚事，對我而言，自是新世紀的首要大事。這也象徵莊氏血脈與歷史的扣合。從中土擴推到域外，在世界性的窗口透出聲音及光亮。

執教東華——花蓮三月

本世紀的第二件大事，應該是我回臺灣在花蓮的東華大學執教三月的神聖工作了。

返臺任教

教育，原本即是「神聖」的工作。而我自己更有一層執意的偏見。長久以來，一直認為如果自己能夠在中國的土地上中國的大學中教育中國青年，方是我一生肯定為義不容辭，與有榮焉的使命。我在澳、美的大學中持教凡四十餘年，當然不乏所謂的中國學生。然則，除了少數來自臺灣及中國大陸的研究生外，其他的都是土生土長的華僑學生。髮膚名姓之外，很難說在他們身上看得到「中國」和感受到「中國」。即使是少數華僑學生透著較為濃重的「中國」感，但我總覺得仍不是百分之百純正的代表中國。而他們的行為表現，倘若其表現尚不及對「中國」作出強烈探索願望的黃髮隆準的洋學生時，我在情緒上便有挫折感，同時略有失望感。

我長久以來一直堅信，中華民族，肯定是人類學上極獨特又極優異的民族。中華民族有歷史上長遠優秀的文化，所以，我一直盼望有朝一日，我能有機緣在中國人居住的土地上，去教育這個民族中一部分優質的青年，向他們宣示我對他們的榮耀感，那肯定會是我一生中令人欣快鼓舞的事。於是，西元二〇〇四年，我以激動的心情，接受了臺灣花蓮國立東華大學的約聘，於九月搭機返臺，以「駐校作家」的職銜，在該校人文社會科學學院中國語文系及英美語文系擔任「中國書藝」及「中國現代散文」二課之講授，為期一學期（二〇〇四年九月至二〇〇五年元月）。

失而復得的師道倫常

「師」，這個名分，也許只在中國，有其來有自的歷史傳承及具特殊性的人倫地位。「天、地、君、親、師」五倫中，雖然「師」排在最末，可是，其在人為行當中，也只有「師」才可以與天、地、君、親同排並列。其地位是尊貴至高的。之所以如此，是它不僅屬「業」的一種，而更其具有教化作用。除了知識的傳輸啟蒙之外，它還有「育」與「範」的精神上「導」的作用與使命。我在海外教育界工作數十載，作育英才也無數了，一直覺得學生對老師並未似在中國時的那麼「尊」。舉例說，在我教育過的英才中，自不乏身為人師者，一旦與我再度相見，某些人竟對我直呼其名，連「先生」「教授」一類稱呼也捨掉了。也許這是表示更其親切的一種感情，然而，如發生在中國，不但會令人受寵若驚，恐怕更被目為大逆不道了。師既與君、親並列，難道可以逕對君親直呼其名嗎？除此以外，還有一點我覺得在海外為師未得體尊的方面，即是待人接物。「接物」，肯定是自中國傳統社會薰陶出的倫理上的行為。在我的記憶中，在海外，學生若有任何物什遞交予我，似尚未有以雙手呈上的。而我在花蓮東華大學短期任教的三個月中，深感在海外失落久矣的為師的榮尊，又失而復得了。

離臺太久，許多當年習以為常的小事，已經在海外逐漸淡忘了。譬如颱風，我在花蓮三月，竟有四次之多。入夜風聲號嘯，斷電，燃燭照明，獨自一人在室，悚不能寐，胡思亂想……都是久矣未有的經驗和感受了。而蟑螂、大蜘蛛之出沒於牆壁上，大隊螞蟻浩蕩行軍於屋內地面，其散兵游勇更逍遙漫步於我的床榻被褥間。對我來說，這都是久違的現象了。喪天害理的事，不知是否包括以瓶罐裝的噴霧殺蟲劑捕殺昆蟲。若然，我返臺三月，竟殘害生靈螞蟻千萬計，豈非成了政治恐怖期的大刀劊子手！

在東華校園，又見女學生撐傘緩行、或三五一群牽手攙臂談笑而過，眼睛不禁為之一亮。這等畫面，自我漂流海外後，早就成了為人詬病的不良不當行為了。如今，世界大一統的趨勢自不可免，這是潮流。然則，世界各民族自有其不同文化傳統，開發中國家似並不宜全盤摹擬西化，向外學習。屬於中國少女專有的牽手攙臂舉動，不必自棄，就像中國人用筷子吃大米飯一樣，沒有什麼刀叉至上才算文明的道理。兩個大男人可以在美國大城的街道上攬腰行進，為什麼兩個女孩子不能牽手攬臂？向西方先進看齊，僅止精神層面，不需要從裏到外，掰開揉碎的看齊學習。以流行音樂為例，我們可以借重西方的樂器來表現，但在表現技巧上，可以充分強調突出「中國」特色。唱出來的調調，不是百分之百的洋調，僅把外來語換用中文唱出而已，要有我們的文化味道和色彩。我聽過中國大陸青年流行歌曲演唱者的音樂，他們所唱的，仍有非常中國味道的旋律，歌詞也十分中國味兒，這就比臺灣以純洋的唱法用中文演唱的流行歌曲強。有時候，我覺得臺灣流行歌曲用中文表達時的用辭及語法，甚至已經完全的洋化了。

我在二〇〇八年十二月二十五日美國華文報紙《世界日報》的副刊上，讀到一篇文章，記述「世界華文作家協會」頒發「終身成就獎」給名詩人學者余光中先生。余先生表示：現代人忽視自己文學的現象。報章上流行用新詞「性騷擾」，這是外來語。雖然翻譯得很準確，但不是中國話。中國古代難道沒有「性騷擾」？西門慶對潘金蓮的性騷擾用語是「調戲」，多雅，多傳神。為什麼大家都忘了？余先生還指出，文言文的衰退，也是斲傷文學發展的因素。單把白話文學好，卻忽略文言，他認為寫不好文章。文言是精練的，精粹的。成語有簡潔、對仗、鏗鏘的特色，如能用在恰當之處，定有畫龍點睛之效；尤其，不用成語，寫文章就轉不過彎來。例如，現代白話文常說「那是唯一的一次」，而簡潔的文言文則是「僅有的一次」；「他是我唯一的兒子」，就不如「他是我的獨子」。我完全同意余先生所說。總之，這就是我所認為，在純中國的社會文化傳統中既有的許多特有的東西，在西化試新時，不但不該揚棄，還應適當保存，也即是我們不宜唱百分之百的洋調的問題。

東華大學是只有十年歷史的一所新大學。雖說學生的學習態度，較之當年我在臺大做學生時開放進步許多，但在教室中學生主動提問的情況，仍不似西方大學中學生踴躍表現的活潑。在

2004年在花蓮東華大學教書，與學生到橫貫公路旅遊合影。

我的印象裏，學生仍以聆聽老師講述並勤作筆記為「學」，很少提「問」。簡言之，還是參與的自發度不夠。我肯切盼望，在臺的大、中學，宜大幅增設研究討論課程(Seminar)，鼓勵學生作獨立思考，積極主動提示己見，廣泛與他人交流。

從加州到北京，從北京到西安

二十一新世紀的第三件大事，對我而言，即是我與妻偕同誠兒康媳返回中國，順領他們在海外結合的婚姻，得以回溯既往，去鍍上純中國的金色根源背景。看他們同登於北京城郊的萬里長城，置身於帝王之鄉的故宮，以及在西安近郊的秦俑遺址，讓他們親身體感浩浩蕩蕩，尊遠流長的中華歷史文化餘韻，讓元、明、清三代國都和當今首都北京和泱泱大唐國都西安兩個中國歷史巨點溢給他們深切充實的文化感，讓他們去感受和汲取有濃郁的「史」的背景的姻緣散灑在他們身上的快感，使他們有豐盛、幸福、溫潤、美滿的巨大喜悅。

二十一新世紀肯定是莊誠和李康的世紀。他們投生並生活在這樣一個民族文化日漸融貫、科技一日千里、思想鬆綁、個人得以充分展現自己、充盈新氣象、富足而進取、生活精簡而適意的美國社會；與此同時，中國也正在蛻變，日益茁壯，他們真是足以自豪的盛世之人——有著中國人尊貴的文化血緣、可以抬頭挺胸大步向前的美國人。

而不僅如此，第三代的莊氏移民也在這塊美麗的樂土上誕生了。

華僑莊氏第三代的誕生

二〇〇七年七月七日，孫女安安（學名莊李安）降世於美利堅合眾國亞歷桑那州。這條「僑」根又在美國這塊新大陸上深埋下了一尺。

定是人間新奇葩

安安降世，我因老懷大悅，即製〈安安曲〉為之慶生：

忽聞繞耳喇叭聲，達迪達迪迪達達。
九天仙女到莊家，小名安安祥瑞花。
二〇〇七七月七，定是人間新奇葩。
誠康欣喜得玉女，老叟開懷笑哈哈。

莊家自此萬事發，西施王嬙不足誇。
姑娘才慧傾城色，長虹一道映彩霞。
龍的傳人在天涯，仗劍江湖艷女俠。
不讓鬚眉英雄氣，十年河西就屬她。

盛世之福

安安是盛世之嬰。所謂「盛世」，即謂繁榮興旺、隆盛舒適的生活環境，英文謂之 Flourishing Age 是也。中國人言盛世，總與「太平」牽連，意謂無有使民不聊生的天災人禍，百姓豐衣足食。天災自是難料難防，舉凡地震、火山、饑荒、水患、颱風颶風……到了科技昌盛的二十一世紀猶不能由人控管；而所謂人禍，最大最具殺傷力的，恐怕就是摧毀文明滅絕人性的戰爭了。如今言之，只要戰爭尚未漫及到世界各角落而無一倖免的田地，庶幾乎諒可以「太平」稱之。我在美利堅合眾國已經生活了約半個世紀。上館子吃飯、出有車，早都不是童年時期的奢想；也無需再似少時騎了竹馬繞圈兜走；不再豔羨穿絲戴綢限於帝王貴胄之家；山珍海味業已吃膩，但求青菜豆腐爽愜清淡；四海遨遊只要體健有暇，隨時可以成行；在裝設了冷暖氣的自宅中吃、喝、讀、寫隨心所欲，更可以光著屁股睡覺；可以好眠；可以愛罵誰就罵誰；可以……這不都是生在盛世方得享有的自由與機運麼？

可是，無論如何，我自己的前半生則斷非身處盛世。我的兒子生於盛世。至少，他沒有經受過文化大革命的洗禮；他沒有遭受過戰爭及於身心而不知何時生命會突然告終的恐懼；他沒有穿過補釘上加補釘的衣服和襪子；他沒有吃過摻有石屑、泥塊、老鼠屎、昆蟲屍體、穀子、稗子、用糙米煮成的「八寶飯」；他沒有期圖吃山珍海味的不必要奢想；他沒有穿過把皮肉磨破出血的草鞋；他沒有當過兵，即使連玩票式的預備軍官役也未服過；他沒有生活在政治恐怖下的惶恐不安的痛苦經驗；他沒有被升學考試煎熬而感困惑；他不知什麼樣的生活才算是窮苦；他……當然肯定是天之驕子，是生於盛世享於盛世成長於盛世的盛

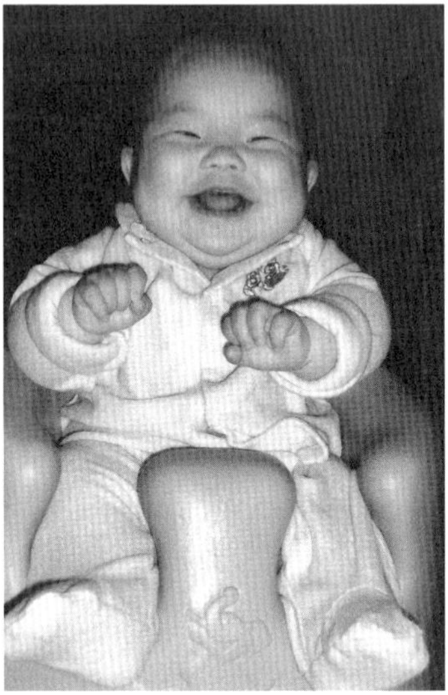

孫女莊李安四個月大時。

世之人。

盛世之嬰

一個生活在美國樂土的盛世成人，究竟尚有被環境污染折騰的一面。那麼，真正的盛世之人該是無憂無慮，不愁一切的嬰兒了。他（她）沉享於盛世的高度物質迷層裏，其成長過程沒有遭遇過任何挫折也從沒有短缺什麼的遺憾；盛世之嬰的皮膚平整、光潤、細緻，面頰豐滿如又大又潤又鮮又美的蘋果；其雙眼明亮篤實，沒有閃爍的不安。安安就是這樣，她一歲生日在爺爺家居的十天內，我沒有聽聞過一聲她不安、不如意、不幸福的啼喚。她總是笑靨如旭日，芒披山谷江海。她的飲食，完全由父母擷精提供，她的休憩安眠有父母在旁超過百分之百的照拂，同時得到當時環境的最大配合——大人的言語聲沉寂，房門輕掩，電視機關閉。而當她醒來時，有爺爺奶奶爸爸媽媽爭相關愛問好；而她要誰抱或不要誰抱，十足自我掌控。她沒有爺爺奶奶的故國文化壓抑；她沒有苦而只有快樂，她只有足意的生活實感。

莊家的這位盛世之嬰，雖非生在帝王家，雖未降世華夏，但她卻是具有純粹的華夏血統的龍的傳人。莊李安是她母親給予的名字，安，是求其棲遲域外而自求多福安於盛世，亦不忘本，平平安安入世來到莊家，享受盛世的安和吧。如此，可以安心、安康、安逸、安身立命、安營此生了。

嶺深道遠——懷念母親

我、妻與誠兒康媳的中國之旅，是二〇〇四年十月下旬。十月的加州，晴和溫爽，尤其在北加，還是氣候宜人的季節。然而北京不同，我們抵達的當晚，已然覺到擾人裏身的初冬凜冽寒意了。

我們住在海淀區北大醫學部三院的公寓裏。

十月二十七日晨，我們起得早些，因為當天上午九時許當乘機去西安。行囊收拾既畢，正在等候專車來逕赴機場。八時十五分，忽接四弟莊靈臺北電話，告以母親大人已於該日清晨三時二十分仙逝。

旅中得此訊息，當時的心情，正與北京晨間寂寥、霧罩、微顯孤寒的天氣一樣，覺得胸悶，呼吸不是十分舒暢。灰濛、沉滯又凜肅的氣氛，使原已不甚透明清澈的天空，更增悽寒。初冬晨間的陽光，也益加深落入窒脹陌生的環境中去了。

母親是客死他鄉了。

失鄉之痛

「鄉」，有兩層涵義：一是大我的文化故國，一是小我的生地鄉園。對母親來說，似乎兩者都失落了。但是，對於得知她客死他鄉的我，卻是人在她生我於斯的故鄉北京。而北京卻早已成了我生於斯，卻不長駐於斯的他鄉了。一死一生之間，僅靠如此生澀的感情牽連鄉情，說來真是何其悵然。而提供我此一孤寒悽惻訊息的四弟莊靈，人也是在另一個他鄉的臺北，一鄉化作三鄉，慘喲！

從他鄉的美國，暫訪故國故鄉的我，而得悉生我於故鄉而今已是他鄉的我，卻在那裏得悉母親的逝去。對我而言，母親才是我的原鄉故鄉。是此，我的失鄉之痛，更何其惻然。

母親駕鶴西去的正確時刻——清晨三時二十分，是眾人都在睡夢中的寂寂瞬間。母親何以未託夢於我，我想，怕是不願增加我旅遊途中已有的寂寥罷。

母親生我於北京協和醫院，我此次知悉她過世雖非人在該院，卻是在北大醫學部的三院，似乎也是對於我加重了入世後的鄉情了。母親大約尚不知道，經過了驚天動地的大變，協和醫院名稱仍未易；北京城名也只由原先的「北平」更易了一字，即使她魂魄歸去，我相信她的記憶猶存，而鄉音仍會令她生情的。

如果我有機會向她告別……

二〇〇四年十一月初旬我自中國大陸回美不久，即接到紐約客三弟莊喆的信，告我以十月他人在臺北時與母親見面時最後的片段：

我在臺北亞洲畫廊的「嶺深道遠」之展，適在媽媽仙逝後二日。這是繼去年在臺北歷史博物館的羅漢像主題展後的以山水為主題之展。感念父母教化之恩，如今自己已近垂暮之年，這點成績，就獻給他們二位吧。我這次回臺之行，別具意義，尤須向你詳說媽媽的人生最後一程：上月二十五日晨抵桃園機場，在至臺北途中塞車，遂以手機撥給靈弟，當即知悉媽媽的心跳已降至最低。他要我逕赴陽明醫院病房。到後，我與老母耳語，未幾媽媽心跳恢復正常。這難道不是知道我嗎？下午我去辦理瑣事，囑咐小弟隨時將媽媽病情告我。次日，我六時即起身，因昨晚睡得不好，即去大安公園晨走一小時。回程在和平東路上之「丹提咖啡」吃早餐，返回師大學人招待所，得靈弟電話留言，稱媽媽已在清晨三時二十分仙逝了。

喆弟比我幸運，因他與母親在彌留期中曾有耳語，使母親原已降至最低的心跳，竟然恢復正常，而令他有「這難道不是知道我嗎」的喜悅。這種鄉音親情的動人感受我也曾有。一九八〇年三月十日，我接到四弟莊靈自臺北打來的越洋電話，告以老父病危，要我盡速趕返。我於次日即返。下了飛機，直奔臺北榮民總醫院。抵達時，父親平靜地躺在病榻上，雙目緊閉，但一息尚存。我跪在榻側，以耳語對老父呼喚，父親沒有動靜；再呼喚，仍然沒有回應。這時醫師走了過來，輕輕將手搭放我肩上，低聲緩緩地說：「老先生就是要等到你這個兒子最後趕回，所以一口氣一直未斷。他知道你趕回來了，現在，老先生已安祥走了。」我說喆弟比我幸運，是我連跟生我育我教我的母親耳語的機會都沒有。如果我有機會向告別人世前的母親耳語，她是否會明張雙目，跟我說些什麼？告訴我北京十月的天氣已經冷了，要我給她的孫兒多加一件衣裳？

母親的遺體，是在臺北「龍巖人本」公司二樓家祭過後，移送殯儀館的「安順」廳

（「安順」這名字，正好與抗日戰爭時我們在貴州棲身的縣治同名）後火化的。家祭的祭文，靈弟囑我草擬，我是這樣寫的：

母親大人申若俠女士，原名配芬，民國前六年四月二十四日生於東北吉林省。民國九十五年十月二十六日凌晨三時二十分仙逝於臺灣臺北市陽明醫院。享壽一百零一歲。

我們對於母親的體認，是從小在中、日戰爭輾轉流亡各地的長期苦難歲月中感知的。母親生育、教養了我們，這一分深厚的感情，山高水長，彷佛風雨霜雪後的陽光，帶給了我們無限溫馨的盎然生意，也同時給予了我們極大的庇佑。母親一生勤儉、自斂、忍勞、任怨、守法、盡責、以身教讓我們在成長過程中，得到恆定的支持與自信的滿足。

母親，您在臺灣辭世，遠離故土，客死他鄉，肯定是您老人家一大憾事。您仙逝時，除了三子、四子、四媳、孫女、孫女婿、曾孫、曾孫女隨侍在側外，您的長子申已故去多年，二子因，則以長期棲遲域外不在左右，這可說是您的

四兄弟在臺給母親過 90 歲生日合影。右起：莊靈、莊喆、莊因、莊申。

2004 年莊因、莊喆、莊靈在洞天山堂聆聽母親彈奏鋼琴，唯大哥莊申，已先母親走了。

第二大憾了。也惟其如此，我們的心情無比哀傷。

母親，我們會將您的靈骨安葬在臺中大度山下，與父親同穴。這樣，或許您不會感到太過孤單與寂寞了。

母親，請您安息吧！

我雖然未能躬身家祭亡母，但在她仙逝後的次年，因受邀返臺參加由靜宜大學主辦的「中國書畫藝文國際研討會」之後，親赴臺中大度山下祭掃先父母陵墓。那天天氣很好，陽光普照。墓碑的碑文已經新敷上了金箔，非常亮麗。供上鮮花並行禮之後，我與妻及靈弟伉儷在燦爛陽光中離去。汽車下山駛向臺中市區時，我忽然想起了齊大姐邦媛教授離臺回到中國東北故鄉身在家園時憶起在臺亡故的老父的文字——〈父親齊世英逝世十年祭〉——一文來，她這樣描寫其當時的思潮澎湃：

爬到丘頂，我沒有悲情，反似冷眼看著驚心動魄的土地大挪移。滄海、桑田，就在我眼前接壤……。沒有風，也沒有一片雲，天地默默。溫白大夢（Rip

Van Winkle）在山裏一睡二十年，回到村莊，鬚髮皆白，發現故鄉已經不是他的世界了。爸爸，我這樣回到了你曾魂牽夢縈的而終老不能回歸的故鄉，也走了這麼遙遠的路。在臺灣淡水的山坡上，你已經知道了吧。

背負著記憶的包袱

十多年了，我久已未能與母親做口語上的溝通了。她仙逝前的歲月中，我雖曾返臺數度，每次拜見她，她都因早年患上的健忘症，只呆癡茫然地望著我，認不出我來。對於患有老年健忘癡呆症的母親來說，或許她已沒有「故鄉」的記憶了。這樣，她的駕鶴歸去，可能算是平靜的吧。我尚未去過母親的故鄉，但我知道她的故鄉是與邦媛大姐的故鄉一樣，同在中國東北。而且是在更其遙遠的東北。

母親在臺度其五十五歲生日時，父親曾寫了一首小詞〈西江月〉為賀，說：「三十年來伴侶，八千里路同還。庭前玉樹自欣然，無忘松花江畔。」松花江畔即是母親的故鄉。抗戰時期幾乎人人會唱的〈流亡三部曲〉中，就有這樣的歌詞：「離別了白山黑水，走遍了黃河長江。我們的祖國已正在動盪，我們已無處流浪，亦無處逃亡。」母親不但是這樣，她更流浪到了臺灣。我在一九六四年離臺赴澳大利亞時，父親寫了一首五言絕句贈別：「水擊三千里，飛行一日航；丁寧無別語，祇道早回鄉。」半世紀以來，「鄉」已數易，故鄉與他鄉，我已在其間往返多次了。有「中國詩人」之稱的韓國學者許世旭教授，於一九八五年在臺出版其詩集《雪花賦》，有詩人、畫家、學人之譽的楚戈曾為該集繪製封面，是一個背負著「故鄉」流浪在渡頭的人。畫面上有世旭的詩句：「渡口的歲月，渡船的班次，還沒有認清。裝滿了的背包裏，都是發黃的信件信件。」我想，母親的後半生，即使到了在臺仙逝，肯定也是長久以來背負著那樣的一個「移動的故鄉」的包袱的。只不過，包袱中所裝滿的或許不是發黃了的信件，而是模糊又兼而遙遠遙遠的一束束記憶吧。

「移動的故鄉」這有蒼涼之感的五個字，不禁使我想起了陶淵明先生的〈歸去來辭〉：「歸去來兮！田園將蕪胡不歸！……舟遙遙以輕揚，風飄飄而吹衣。問征夫以前路，恨晨光之熹微。乃瞻衡宇，載欣載奔；僮僕歡迎，稚子候門。……倚南窗以寄傲，審容膝之易安。」陶氏的歸去來，是因為他覺得為官在外是「誤落塵網中」，甚且他原本有家可歸。但母親呢？她早年離鄉去北京讀書，其後對日抗戰開始，就流浪天涯，沒有再回鄉也無鄉可回了。八千里路雲和月，怕是千真萬確是失去了故鄉了。「失」，不一定是「忘」。即使生前歸去，看見了忘不了未失的鄉，但事實上了悟鄉已失去，有那分悽情，豈非亦是枉然？

母親的手

三十年前，我曾寫過一篇〈母親的手〉的小文，記述我在海外對於母親的感懷和思念。我寫母親有一雙至大完美的手，指甲上從未塗抹過蔻丹，也從未加過任何化妝品的潤飾。我雖不記得此生曾有我的手握在母親手中的溫暖厚實感，但是，她那雙至大完美的手，卻投我於繁雜險艱的人世，然後撫我、護我、衛我、育我、督我、導我、愛我、懲我、責我。母親原本纖秀似玉的一雙手，經過抗戰的風霜洗禮，竟然脫胎換骨，變得厚實、堅強、至大、足以應付任何艱辛苦難的巨掌了。母親過世的前兩年，我與喆弟同返臺。一個夏天的午後，在士林洞天山堂的家中，母親以那雙至大完美的手彈奏鋼琴。她堅強的手指按彈在琴鍵上，沉重的音響敲擊我心。那剛健有力的手，似乎要抓回與琴音及她青春已逝的悠悠歲月吧。

我知道，母親不習水性，在冥域，她也只能隔了海峽愁憂望遠。但是，媽媽，您不要顧慮也不要害怕，請將您那雙至大完美的手給我，我會緊握了，無論是乘風抑或桴海，都會帶您回到長白山下的松花江畔，您終老未能回歸的故鄉去的。

第十三部分

酒蟹居中酒中仙

酒者，媒也。

在我的觀念裏，

凡飲者能藉以淨化人生，超凡入聖，

或與物與人為善，促進文化互動，比無酒之人更其快樂，

酒的觸媒作用就達到了。

淺水龍——憶恭億

前此，我已在本書第九部分道及「酒蟹居」的由來。酒蟹居所接待的客人，自不必人人皆為陶淵明、李太白；也不是說，酒不沾脣的君子就不為酒蟹居所接待。酒者，媒也。在我的觀念裏，凡飲者能藉以淨化人生，超凡入聖，或與物與人為善，促進文化互動，比無酒之人更其快樂，酒的觸媒作用就達到了。我不喜歡見人耽於酒而不可自拔；也不喜見人藉酒掩面裝瘋、說短舌頭、貽笑失態、令人走避。酒是「清」情的見證，不是「濁」氣的漫散。

酒蟹居的客人，都是有器有識的才學高溢之輩。善飲與否無關。雖然，酒中之仙，究屬異常，容我先為引見。

初識恭億

酒蟹居中第一位常訪客人兼酒友，是我在史丹福大學東亞語言文化系（原亞洲語文系）的同事高恭億。

初識恭億，是在一九六一年的臺北。

我那年服完兵役，就讀臺大中國文學研究所。同年秋，美國加州史丹福大學在臺成立「在華語文研習所」，所址就設在臺北市羅斯福路一段臺灣大學校園內。為了師資（年長有識者不聘，青、中優先），招兵買馬到了臺大文學院中文系。恭億原係北京輔仁大學英語系高材生，一九四八年國共齟齬時離京赴臺，寄讀臺大畢業。當時他在史丹福在華語文研習所任職，主持教務。他自己是純純正正、道道地地、字正腔圓的北京人，於是，對於師資的人選，有以「京片子」主導的偏見。

當他招募師資到了中文系時，系裏便向他推薦了我這位主修文學唯一的「京片子」。二人相見，一拍即合。此後三年，我俟自臺大中文研究所卒業後赴澳洲在墨爾本大學執教一年後，於次年（一九六五）離澳轉赴美國西岸史丹福大學，在東亞語言文化系任職。而恭億已早我兩年來美，就在史大同系任教。異地重逢，我們就納交為友了。

恭億是一位對於他認為可以並值得納交的人，極為虔誠並予相助的人。我記得當初來美，去學校系中報到的那天，他便熱誠地要開車帶我去購買日用品，並稱，在美國非會開車並有車不可，否則太不方便了。基於此，他建議我盡快買車，不一定要買新車，可以代步即可。又表示可以擔任我的駕駛指導，其熱情可見一斑。除此以外，他說吸塵器也非有不可，不能再似在臺灣可以仰仗掃帚了。所以，我到美第二天購買的第一件東西就是一部吸塵器，一直用到五年後我結婚為止。那天購物既畢，他帶我到餐館吃牛排飲啤酒表示「接風」。他說牛排是美國的進補之物，不可輕視。並強調吃帶血牛排是溶入美國社會及文化的第一步。我前此在澳大利亞一年，那裏也是可以吃帶血牛排進補的地方，可是沒有人向我如此稱說，我也並未嘗試。我此生所吃的第一塊牛排，帶血吞嚥，竟是在恭億的半介半逼之下勉強入口的。牛肉在口，未經細嚼，竟賴啤酒沖嚥下去。這樣的生猛印象，而今想來，還很難形容。

語文不好，文學肯定也好不到哪裏去

恭億是當時系內的重要語文教員。他也是中文教學的主持人，親自披甲上陣。我便是他的下屬。他對我說：「別以為教語文簡單容易。這不像教文學，可以自由發揮，可以有自己的觀點。語文乃約定俗成，也是文學的根本。不管是誰，都不可以任意解釋語文及有自己的語文。語文不好，文學肯定也好不到哪裏去。」初聆此語，難免會覺得是對講授文學的人瞎掰強辯。可是，日後細思，越來越覺他說得有理。一般而言，教授語文的人，在面對教授文學的人時，難免有時自慚形穢，以為不夠「學術」，也不夠「學者」。

恭億舉例說明：北京大學中文系的名教授朱德熙先生，就是知名語言學家。雖不直接教授語文，但研究中文。語文教員就是他的理論的推行及實踐者。北京大學中文系的名教授中，研究語言學的要比研究文學的多。更說：「咱們教授語文的責任大了，比語言學者還多了力行方面。我們也重視語法。總之，語文絕對不是張三李四自不量力就可以提刀上馬的。」

他的這番話，對於原本就沉浸在文學領域中的我，增加了極大的支撐力度。一個文學家，或是一個講授文學的學者，如果自身的語文基礎尚且不足，亦不精確，肯定是頗難以「家」自許，也不會令人折服接受的。語言是活的東西，不好，則以語言所創造的文學就先天不足。好比建造一幢房子，工程材料倘若不夠理想，就是基礎不實，不論式樣如何精美，都不會耐久。這在東方西方皆一，不是我的一偏之見。

中文教學，成績斐然

史大東亞語言文化系的中文教學，在恭億盡職又復投入的主持下，成績斐然，名揚全國。他因而獲得學校當局頒發給他的「最佳教學獎」。在上世紀的六十、七十年代，由史丹福大學主辦的中文暑期班，特別出色。每年前來就學的學子，人數上百，勢須分設十餘個不同班次授課。這都是因為拜恭億的大名及主持使然的。

教學之外，恭億同時在史大語言系攻讀高級學位。大約每週他都會開車去舊金山海灣北端的加州大學柏克萊校區，向該校東亞語文系的語言學教授張琨先生請益。史大語言系的好幾位教授也都對恭億的教學及研究成績稱讚有加。他於一九六〇年代末期獲得博士學位後，東亞語言文化系主動聘他留校繼續任教。這在美國大學中可稱是罕有的例子。這時，他主動代表系方與北京大學中文系建立教學訪問關係，邀約多位北大從事語言研究及教學的教授，先後以「訪問學人」職稱前來史大短期授課。當時的北大副校長、中文系名語言學教授朱德熙先生，就曾兩度來史大講學。除了在系內擔任基礎漢語的教學外，恭億也是系內創系以來第一位講授「中國語言學」的教授。

溺於菸酒，積習難改

恭億是一位識尊、教嚴、人和的老師。因此，系內的研究生都與他過從甚密。雖然鑽研語言學的學生不多，但大家都成了他的良友。我在系內擔任語文及文學課程的講授，由於與他同籍北京，且在臺時有過一段同事之雅，再加上彼此的臺大校友關係，二人遂很快成了友誼深厚的朋友。恭億嗜酒，他在自宅獨飲不爽（其夫人朱傳鋆大嫂為虔誠基督教徒，極不喜菸酒，而此二物正係恭億所好）或飲酒不得足時，就會來我家飲酒。酒蟹居的杯中物都是佳釀，這當然也構成了他是酒蟹居常客的原因之一。他的酒量相當大，一瓶黑標 Johnny Walker 威士忌，加一瓶四川瀘州大麯或貴州茅臺，二人在談笑中頃刻會飲得幾無餘瀝。這當然還有另外一個原因，我妻總是提供可口小菜佳餚，每為恭億稱讚不已。他有時一星期會來我家兩次，我都以佳釀待客。久之，這雖稱過癮，卻也令他微感靦腆起來，於是常跨進廚房，逕去灶間自取料酒飲用。大口吞飲以後，喝到微醺始駕車離去。

恭億不但嗜酒，於吸菸也不多讓。他當時一日的吸菸紀錄是香菸三包六十枝。我曾勸他戒菸，他說全戒是強人所難，極不可能。於是他想了一個折衷辦法：買一包菸存放

1986 年高恭億（左起）、吳曉鈴（中國大陸作家、學者）及莊因攝於酒蟹居。

我的研究室中，要抽時即來我處扣門索取。因不便一再相煩打擾，只得強忍，以為這樣便漸然減少抽菸的次數了。開始的時候，在一日上班時間內，他會前來我處三、五次，可是不到半月，他來索菸的次數漸然增加，且一次索菸不限一根，最高紀錄高達五根。我不勝其煩，他也積習難改，於是我們之間的協助合約終於解除。

默默耕耘，有器有識

恭億在大學時主攻英美文學。來美後，讀研究所時則轉治語言學。但是，因家世傳承關係，他的國學基礎甚是厚實。譬如說，他的那首〈一九七八年重返故都有感〉的五律：

北土風沙漫，西山餘徂暉。
憑窗情更切，繫帶意先歸。
永定河依舊，長安路盡非。
金鰲難續淚，玉蝀亦堪悲。

他自注說：「續淚，本黃庭堅『杜鵑無血可續淚，金雞何日赦九州』句。玉蝀，取《詩經・蝃蝀》篇解。」我一向對治外文有成，而又對國學有深厚基礎的人，或能以精雅中國語文著述的人，都有極高的崇敬感。外文好，這僅是幫助某人得以中文述著、治學，貢獻社會的工具，不必自我陶醉。恭億在這方面，同樣也是不為人知但默默耕耘，有器有識的讀書人。

「人頭太次郎」——高氏幽默

前面說過，恭億認為既來到美國而不會開汽車，彷彿一個人沒有腿腳，太不方便了。他生前總是駛用破舊的二手車。他的哲學是：「汽車這玩意不過是一種工具，不必非新不可，能用就行。」他認為，好車其實不是人人有購買力就可以開的。因為，這與車主的人品、學養、身分、地位都有關。虛有其表而駕駛高級車的人，恭億給他們取了一個有日文味道的名字，叫「人頭太次郎」。這可以說是「高氏幽默」了。

其實，恭億真可以說是一個幽默大家。某次，他用他的「破銅爛鐵」（這是恭億對自己開的二手車的昵稱）載我去舊金山。吃罷「唐餐」（廣東飯），逛過書店，在回程中，經過一家賣廣東燒臘生猛魚蟹的店家，他佇立窗外觀望很久。我原以為他要買些燒肉烤鴨之類帶返家中，未期他竟轉頭對我說：「我看我的胸胏大概跟那叉燒肉也相差無幾了。

這不是同病相憐，對我說應該是觸類旁通。」經我催說，他終於還是進店買了一些燒臘。這時，他笑嘻嘻地道：「我們家有客人，臺北朱仰高先生在高府作客。」按，朱仰高先生為上世紀五十、六十年代臺灣臺北名醫，知識界幾無人不知。恭億任教史大，待遇不豐，自己又兼攻學位，大嫂朱傳鋆女士忙中兼差貼補家用。「仰」「養」同音同調，於是「朱養高」就成了「朱仰高」了。

一九八九年我重病出院返家，知悉恭億肺癌病況惡化，要去看他。但是，他在電話中以微弱的聲音婉謝了，稱說不願我對他最後的見面留下「不良印象」。他還用一向慣用的幽默口吻說：「京劇〈四郎探母〉要是由我來唱就好了。」恭億生肖屬龍，曾自言就像〈四郎探母〉中的楊延輝唱出的一條自喻為困在沙灘上的淺水龍。自知來日無多，尚能如此自嘲，有這樣的朋友，大概恭億是唯一的了。

大中至正——國士王正中

在生活上，我的另一位與恭億有相似之處能飲的朋友，是在舊金山加州大學醫學院任教的臺灣中央研究院院士王正中。

正中的尊翁是臺灣早期在臺北的《國語日報》主要負責人之一的王壽康先生。壽康先生與我的岳父夏承楹在同一工作單位共事，他們是私交極篤的朋友。因此，正中與我妻是關係深厚的世誼之交。我與正中建立的友誼就是拜他們的世誼之交所賜。

正中青年期是在臺北名校建國中學度過的。高中畢業，他以成績優異的榮譽生資格經校方保送臺大化學系深造。臺大畢業後負笈來美，獲加州柏克萊加大博士學位。他的夫人李詠湘，當年在臺大攻讀農業化學，來美後，也在柏克萊加大榮獲高級學位。

正中善飲，但他喝的酒是葡萄美酒，不飲中國酒。因家居產酒的北加州舊金山，故買酒都以箱計。每去他家，每承以佳釀相待。不論紅、白，他一杯在手，便立即興高彩烈，侃侃而談。洋人飲酒，多係純飲，可以一瓶下肚而不嚼一粒花生米。正中雖則飲的是洋酒，但仍是喜歡佐以下酒物，不必南北大菜，舉凡「氣

與王正中、李詠湘夫婦（左二、左一）在酒蟹居合影。

死」(Cheese)、花生米、玉米花、牛肉乾、小乾魚炒蘿蔔乾、土豆片……皆所欲也。我記得他初訪酒蟹居時，妻以滷豬耳、雞爪子、豆腐乾、花生米、小魚乾供其佐酒，他都大嚼稱快。

正中不僅是他化學專業中的高人，其文史知識亦頗不凡。他與我把酒談說，從不道及其專業，但談文論史，上下古今；臧否人物，直如天馬行空。且他行動矯捷，頭腦敏銳，七十歲人望之猶三四十之中堅。

二○○六年正中七十嵩壽，我與妻以俚句戲語寫了一首打油詩祝嘏：

恭賀壽登堂古希；雖稱今世不足奇。
敏銳矯捷似活虎；彷佛少年二中餘。
東西豈會錯南北；車出馬躍定贏棋。
精研典冊國之士；昂首群雞一雄雞。
桃李英才遍天下；經綸滿腹俱珠璣。
篤實博學性寬厚；厭惡投機和稀泥。
中西佳餚皆所喜；美酒一杯笑眼眯。

莊因寫給王正中70大壽打油詩。

羨煞老王八字好；端因身畔有賢妻。
祝你生日大快樂；天高地遠無盡期。

二十世紀六十年代，正中也是飽學之士參與保釣運動的一員健將。無他，基於愛國情操與故國歷史文化之思戀而已。無奈臺灣政府當局之偏狹短視，把這樣如正中的一批有志青年竟劃入與政府唱反調不友善的集團人物，真是令人氣憤。九十年代正中以其在美及國際聲望，返臺為中央研究院籌設分子化學研究所。功成身退，返美重續執教研究。這等胸懷氣魄，真可謂肝膽照人，士林典範。

私意桂冠詩人鄭愁予

酒與文士，似乎自古以來分外投緣。加以我自幼小目睹家父與友朋飲酒歡敘，詩文丹青，道古論今，在感覺上就認為酒乃文士之仙丹靈藥，能助人揮灑自如。大才或無需藉酒以彰，然酒能助大才益顯其才，當無人可以否認。

鄭愁予就是酒神在身暗中相助寫出千古佳篇絕唱的詩人。

酒神相助的桂冠詩人

詩，我一直以為是不能與歌謠分劈的。中國詩詞自古以來以音韻勝。文人雅士，儘管以佳句美辭裝飾，仍不能棄音韻於不顧。是此，我對當今詩人的詩作，凡不以音韻為主導者，我都覺似有所缺。我總覺得，現代詩人似乎太過於咬文嚼字，太過「文」氣了。已經失去詩之傳誦溢美樸實的本色了。詩，必須要有音韻之美，要有抑揚之盛，詩一定要經得起誦詠，才可以把它的特色發揮至盡。

愁予的詩，最令我欣賞的，就是他的真正詩人的大才具。他有如頂級大廚師調理出極可口、幾無以取代的佳餚的本事。他的詩，以音韻勝，融合了俚俗下里巴人真情表露的樸實，再配上文士的精緻高雅情操及美切的詞語，製作出一首首動人的詩篇，吟之歌之都盪氣迴腸。在字裏行間，時而豪情千萬丈、時而柔情繾綣如小溪流水。細緻而情真，意境高遠，不造作，自然收放，好極了。

我在這裏且揀拾他的一首早期詩作〈牧歌〉（原名〈牧羊女〉）為例：

那有姑娘不戴花？那有少年不馳馬！

姑娘戴花等出嫁，少年馳馬訪親家。
哎——那有花兒不殘凋，那有馬兒不過橋。
殘凋的花兒隨地葬，過橋的馬兒不回頭。
當你唱起我這支歌的時候，
我的心懶了。啊！我的馬累了。
那時黃昏已重了，酒囊已盡了。
那有姑娘不戴花？那有少年不馳馬！
姑娘戴花等出嫁，少年馳馬訪親家。
哎——那有花兒不殘凋，那有馬兒不過橋。
殘凋的花兒隨地葬，過橋的馬兒不回頭。

此詩的起首四句，把戴花姑娘與馳馬少年一許一取的男女青春愛情之歌，抑揚奏起。尤其是用反問句為修飾詞的「那有」起句，劇力萬鈞，把一個純美有情的自然現象和詩人的主觀意識結合托出。為修飾用的反問句子如「那有不落山的太陽」、「他說的話那有人會相信」、「天下那有這種事」，都意在百分之百的必然肯定。用這樣的句型引說主題，不但是劇力萬鈞，實是大手筆，也是獨到深厚的詠嘆音符。緊接著的四句，頭兩句再用反問修飾的句子起興與此詩起首的兩句前後排比相映，張力加強。真是神來之筆。「殘凋的花兒隨地葬，過橋的馬兒不回頭」兩句隨即襯出，正是詩人要表達的短暫瞬間與永恆無限的悽美主旨。再接下去的詩句，一連用四個虛詞的「了」作結，又是展現劇力萬鈞的魅力最佳說明。浪跡天涯的歌者——詩人與馳馬過橋的少年重疊，互為化身；戴花的平凡姑娘被詩人的情感鍍金塑造，這樣的情愛人生表現，如映在天邊的一道彩虹，瞬間即逝。詩人的移情、詠嘆、空曠長存。

愁予的這首詩，曾經張世儫先生(Dr. Simon Chang)譜曲，由李建復先生主唱。音樂旋律之美，歌聲之動人悽豔，肯定是臺灣數十年來罕見的永恆之作。

緣，無色酒也

一九八二年，我與在美國大學中執教的六位朋友應中國文化部之邀訪華的次年，曾以訪問團祕書的身分，發函邀諸君子前來加州酒蟹居重聚。愁予是第一個欣然應邀的。他的詩早在華人社會揚名，且我們同負有在海外傳授華夏歷史文化的工作，雖分在東、

莊因書「酒色無緣」四字。

西兩岸，但彼此心知。一九八二年我與愁予及其他友人，組團訪華，莊、鄭在灣區初見，迄歸來之後，各奔西東，竟未得暢談。此番他來酒蟹居相訪，自是難得。我以威士忌蘇酒待客，啜飲數度之後，但見他突然站起，走到廚房與飯廳間的吊櫃上方懸掛的一塊「酒色無緣」橫匾之下，指著我以濃墨所書的四個大字，笑謂：「好字。酒、色無緣，緣在何方？這四個字倘若由左至右，反過來看，應是『緣，無色酒』也。」緣生緣寂，浩瀚大千，彷彿情酒灑飄，詩人的靈感與豪情，藉酒拈出，明滅、無形、無色，真令人喜又復令人嘆。詩人得詩，不知有多少是他酒後吐露的珠璣？而那一個「緣」字，卻如純醪淡出，無限情生，泛泛似白雲飄遊碧落，較之李白「五花馬，千金裘。呼兒將出換美酒，與爾同銷萬古愁」，豈非悟道又高出了一層！〈將進酒〉的李白，尚掛心於「天生我材必有用」，而愁予進酒，隨緣如是而已。善哉！大哉！偉哉！

愁予的這種天馬行空的大詩情，流露於其字裏行間，憾感撼搖於我心的，俯拾皆是。諸如：

我自人生來，要走回人生去；你自遙遠來，要走回遙遠去。（〈小河〉）

風起六朝，沙揚大唐，宋秩一卷雲和月，明清兩京清明雨。沙卻是沙場，臥有醉漢。雲它遮了月，啊！喪廬失墓悲歌。清明雨霪，天下盡是斷腸人！（〈一碟詩話〉）

我底，你底，在遙遠的兩地。卻如對口的剪子絞住了。莫放進離愁吧！莫放進歡愉吧！祗要輕輕把夢剪斷，你一半，我一半。（〈相思〉）

不再，不再流浪了。我不願，不願作空間的歌者。然而，我又是宇宙的遊子……地球，你不需留我。這土地，這土地我一方來；將八方，將八方離去。（〈不再流浪〉，原名〈偈〉）

詩，實在是與「歌」緣纏緊密的。譜入音樂後，愁予的詩首首惹人。欣賞詩作，「讀」之尚不足，若再「聆」之，才能真有食髓知味之感！

二十世紀以來的中國詩人中，如果要選出一位「桂冠詩人」的話，我的這一票一定投給鄭愁予。

同門師弟‧曲藝大師曾永義教授

一九九六年七月，臺大中文系教授、曲藝研究專家曾永義老弟來美，為史丹福大學之造訪學人(visiting scholar)。十六日，我與妻在山景城之岳陽樓設筵為之洗塵，餐罷同返酒蟹居，我又以金門大麯加陳年橘皮二十餘年之老酒待客。永義酒意已濃，即賦五絕見贈：

名士爭馳鶩，風流酒蟹居；
當年孔北海，拂席嘆何如。

意猶未盡，又製二聯：

縱酒酣歌須放浪，
持螯揮酌自拍浮。

美酒如美人，當仁不讓，
好書似好友，莫逆於心。

我聞永義在臺與學界文友有「酒黨」之設，定期聚會，飲酒談說。永義更任「黨魁」一職。臺大中文系歷來善飲者輩出，多因師輩臺靜農先生之熏染有關。臺先生善飲，有飲者風，且與學生輩過從甚頻。學生輩愛酒尊師，更喜臺先生之清譽達雅風範，每每私下備酒聚飲，敬邀老師出席，師生藉酒暢言，一時蔚為臺大中文系佳話。永義老弟雖在中文系與我相差數年，當屬後生中之善飲兼才具者。惟飲酒過量傷身，醫界一再告誡，已令飲者不得不從。臺大中文系先後同窗，戒酒者因之大不乏人。永義雖稱尚未全戒，想來必也減量。我認為，酒可以飲，但適可而止。自約有分，感其情而無其害，雖世亂難清，每日聊飲一、二杯，應仍有陶淵明「有酒不肯飲，但顧世間名」的感懷，是一定會感到「酒中有深味」的。

兩位張學長——張以仁教授，張亨教授

臺大學長，湘籍才子張以仁兄，一九七六年四月二十日來美，過訪酒蟹居，餐罷以「羊酥牛酪皆嚐遍，不及中華料理鮮」見示。美麗手製小菜雖不能稱高手，然在當時海外之家如酒蟹居者，能令訪客動容美言相謝，已不多得。對此，我是知足常樂的。以仁兄言洋餐不及中華料理鮮，倒是所言不虛，極得我心。他更書下〈臨江仙〉一詞相贈：

欲訪仙源何處，村童野老茫然。問津何處識前緣。山川千歲碧，桃李一時妍。
漫說人生如寄，何妨詩酒留連。秦皇漢武任糾纏。曹瞞曾煮酒，陶令不貪錢。

一九九二年九月，大哥莊申來美參加亞歷桑那州鳳凰城與亞歷桑那大學聯合舉辦之清代藝術國際研討會。二十七日，我在酒蟹居以菲酌簡餚為之洗塵兼作餞行，邀得灣區友人丁邦新、郭豫倫、楊樹森諸君子夫婦為陪。時以仁兄再訪美國並作客金山，遂亦邀為貴賓。他還以「滿桌佳肴能下酒，聯翩笑語自怡人」描述是日之歡聚。

一九八五年，歲在乙丑。臺大學長中文系教授張亨兄休假，來美遊學一年。既至，

助其賃居而住。孟冬雨季，美麗常烹菜蔬著我送去。張兄感激，言「念我煮白石（按，即豆腐也），遠慰風雨夕」，遂感賦以贈：

蕭蕭黃葉樹，白髮萬里身。
寒雨催暮色，天風獨與親。
賴得賢梁孟，熱腸勝古人。
噓問無時已，珍饈相餽頻。
常為名居客，持蟹愛酒醇。
寂寂冬日遠，藹藹近陽春。

張兄所言「噓問無時已，珍饈相餽頻」，倒使我想起一九六〇年代，在臺大中文系研究所攻讀時，因知宿舍中的伙食粗糙清寡，張亨師兄及彭毅大嫂，遂頻在他們臺北市潮州街臺大教員宿舍狹小的家中備酒菜接待所裏一批光棍學弟，那才真是「噓問無時已」。彭毅大嫂的紅

張亨（中）、彭毅（左）夫婦在酒蟹居留影。

燒肉，冰糖附子，大蒜黃魚，不但當年令我得以大啖解饞，至今仍感齒頰留香。

次年春張兄離加州赴波士頓，行前我在酒蟹居以水酒相餞，他又即席賦詩見贈：

雞窩孵春暖，酒蟹播遠香；
醉倒三千客，羨煞雙鴛鴦。

一九九〇年代，張兄公子張時世兄在舊金山海灣區任職落戶後，張亨師兄彭毅大嫂升級做了爺爺奶奶，來美更其頻頻。我們見面，酒雖鮮飲，但品茗談說稱快。而我與美麗每次返臺，他們都數度酒筵接待，彼此已成爾汝之交。我們不定期的搔擾，想來他們也習以為常了。

黑漢子・新客・院士・學者——記丁邦新教授

酒蟹居的訪客中，飲酒不多但酒後成詩的，還有臺灣中央研究院院士，前柏克萊加州大學教授丁邦新兄。

邦新在臺大中文系早我一年畢業，研究所時期又早我一年入學。他的夫人陳琪是我同屆同班同學。丁、陳聯婚，我充任他們的伴郎，原因是邦新看中了我能飲酒。在喜筵上當親友鬧酒時，可由我這新郎的「身邊人」出面為一雙新人擋酒遮臉。

上世紀的六十年代，邦新離臺來美，至西雅圖華盛頓大學，師從語言學大師李方桂教授，攻讀博士學位。出國之前，他有信給我。因我在臺大中文研究所時治明清古典小說，他於是用話本說書語氣寫下「黑漢子揮淚別家園，莊二爺備酒迎新客」兩句。邦新膚色較常人微重，「黑漢子」是他自屬的別號；「新客」者，丁氏邦新也。莊二爺本當在酒蟹居備酒以迎遠客，而不期他自臺逕飛西雅圖了。邦新在華大時，曾以穿著「五四」時北大學人服式的照片一張寄我。藍布大褂，外覆坎肩，袖口上捲，露出白衣內衫，極是英爽。如此裝扮，不意竟把他的「黑」給罩下去了。

上世紀七十年代，邦新學成歸臺，竟仍未過金山，我在酒蟹居要備酒迎新（新科博士）客的機會也再度落空。返臺後，他任職中央研究院歷史語言研究所，並在母校臺大兼授語言學。八十年代末期，邦新攜妻應柏克萊加州大學東方語文系約聘，出任教授，二度來美。一直到一九八九年九月十五日，我才終於得到「備酒迎新客」的機會。那天飲酒暢敘，大樂。他在我們的嘉賓留言簿上更寫下「萬里西來，見老友無恙，一樂也；

來此定居，將可常相往來，二樂也；願兩雞和好，雙牛體健（按，我與美麗生肖屬雞，邦新與陳琪生肖屬牛），三樂也。有此三樂，其樂何如」字樣。

一九八六年元月，普林斯頓大學教授、臺大歷史系學長陳大端蒞金山。時威斯康辛大學語言學教授鄭再發、依利諾大學語言學教授鄭錦全返臺道經金山，我乃順便邀約，更約了人在海灣以北的邦新前來，在山景城之梅苑餐廳為諸君子洗塵小敘。小型臺大校友會舉行了一半，再發一時興起，率先吐出七言偶成一首：

一杯一杯又一杯，勸君不醉休言歸；
歡聚人間能有幾，逍遙酒國任來回。

邦新遂依原韻和之：

1986 年張亨（後排左起）、高恭億、陳大端、丁邦新、曾志朗、鄭再發（前排左起）、鄭錦全在酒蟹居合影。

一杯一杯又一杯，今朝酒醉不言歸；
老友如君能有幾，情深歲歲一來回。

大端學長詩酒皆不讓人，先乾一杯，立得句如下：

一杯一杯又一杯，窗友重逢逸興飛；
序齒忘年立今上，黃袍輕拂鑾駕歸。

其詩後二句，我有加注說明之必要：是日歡聚，我言大端學長顏貌酷似臺灣總統蔣經國先生。邦新、錦全於是力爭與「今上」合影。大端學長酒後戲言曰此乃接見中央研究院院長（邦新時任中研院史語所所長，大端預賀其能更上層樓）。「序齒」者，是日賓主五人中，大端最長，於是推居上座。大端戲語稱，洋人安排席次，常按 alphabetical order，而國人則 by dental order（序齒）；「忘年」一語出自邦新，稱在座諸人乃忘年之交也。「黃袍輕拂鑾駕歸」一句，乃大端言其翌日即返美東，還都普城。

臺大中文系學長薛鳳生兄自俄亥俄大學榮休後，遷來加州北部。一九九〇年三月三日，我於酒蟹居敬備菲酌邀宴，約邦新及其柏克萊加大同事張洪年教授為陪。這次是邦新發難酒後賦詩：

三十年來談笑間，佳肴醇酒醉歡顏；
騷人才子風雲會，酒蟹居中歲月閒。

鳳生兄步邦新韻打油得句：

卅載風雲彈指間，賸將白髮伴紅顏；
故人重聚莫辭醉，酒蟹詩圖豈等閒。

是日席間我以蕪著《莊因詩畫》一冊呈鳳生兄。其中有海外祖孫圖一幅，畫老人為孫兒換尿布。鳳生見了莞爾，力言「騷味撲鼻」，遂又贈一騷：

莊生屎入畫，毛某屁填詞；
氣死蘇東坡，笑煞顧愷之。

洪年兄隨邦新、鳳生之後亦有打油戲作：

三月三日天氣新，酒蟹居中雞犬聞；
借問座中誰最似，佳人騷人更才人。

「騷人」者，薛氏鳳生也。三位賓客賦詩既畢，主人續貂奉和：

過眼雲烟談笑間，竊喜白髮伴紅顏；
酒蟹居中休言醉，院士拋卻所長銜。

最後一句乃指邦新以中研院院士之尊，接聘加州大學，定居灣區，已辭中研院史語所所長之職矣。

一九九〇年代，邦新在加大執教十年後，榮獲校方約聘為榮譽教授。於是，中、港、臺三方面之大學爭相禮聘主持語言學講座。他僕僕風塵來往四地，蓆不暇暖。初至灣區時彼曾謂「來此定居，將可常相往來」，實則彼此長久難得一見，連近消息亦罔聞了。直到二〇〇七年，他們夫婦方才倦遊歸返灣區隱退。次年二月，張洪年兄自香港中文大學休假返灣區，邦新設宴於柏克萊之豐年餐廳為之洗塵，邀我作陪，大家才得相聚言歡。返家當晚，乃以俚句打油，分呈邦新、洪年二兄：

致邦新

良緣締結杜鵑城，永誓今生不分離。
漢子丁邦新，渾家喚陳琪。
右手調音韻，左手攬嬌妻。
恩愛如賓似膠漆，治水江河渴飲溪。
夫唱婦隨走天涯，今日在東明在西。
中港臺美遍四地，僕僕風塵未暖蓆。
流光拋人時不予，域外棲遲忽古希。
四十年❶後歸家好，老來退隱在灣區。
酒蟹居中一對雞，聞說展翅高聲啼。

---

❶ 邦新陳琪大婚在四十年前臺灣，而今已屆古希，真有白雲蒼狗之嘆。

祝願故人情萬縷，白雲悠悠無盡期。

致洪年

數年不見張洪年，忽然現身在眼前。
乍驚翻疑夢，確係故人還。
髮烏黑，無皺斑；
衣鮮亮，耳戴環。
笑語輕盈舊時顏，豈是古早在今天。
花甲之齡新潮浪，少年馳馬著先鞭。
曉茵矜持伴君邊，一似春山傳杜鵑。
老夫不嘆人老矣，只羨鴛鴦不羨仙。

我識洪年約四十年前，彼少年輕巧善言，容顏俊秀，有baby face（娃娃臉）之稱。如今洪年已登花甲，談說一似夙夕。其穿著時尚高雅，居然一耳戴環，十分浪漫新潮。望之猶三十許之少年也。故言「少年馳馬著先鞭」。

好以畫筆寫打油詩的夏陽

酒蟹居中尚有貴客兩位，都嗜酒但不耽於酒。二人有一共同點，喜好打油成詩，而且一旦興起，墨猶未乾，第二首第三首便先後涓涓而出。

第一位打油詩人是夏陽。

喜愛打油詩的藝術家

夏陽係我妻堂兄。少時隨軍至臺。退役後，喜歡閱讀及從事繪畫。一九五〇年代與蕭勤、李錫奇、吳昊等青年才藝創辦「東方畫會」，大力推動藝術的現代化。中年期夏陽赴歐，走遊數年後來美，落居紐約。一九八〇年我應普大陳大端學長之邀，前往由他主持的明德學院中文暑期班講學之便，去紐約看他。他當時賃居而棲於在三樓的一個小公寓。公寓小得可憐，只有兩間屋子。所謂「浴室」，是他在樓頂自設露天簡陋搭成的小棚子違章建築，可洗淋浴。那晚我留宿他處，就在兼畫室、工作室、飯廳的那間小屋裏，拼了兩條長木櫈當床。睡得我腰痠背痛，一夜未得好眠。他的打油詩，有的因一時興來，不及取紙筆，就直截用畫筆塗寫在牆壁上。真是典型的藝術家生活。

一九八四年八月十一日，夏陽二訪酒蟹居，打油贈主人：

酒蟹居雞窩❷，竹柳交枝柯❸；
煦日伴和風，無垢復無我❹。
葡萄美烟口口吹❺，欲行喇叭車上催❻；
暈頭轉向君莫笑❼，一斗在手最神威。

❷ 酒蟹居主人夫婦皆肖雞，我曾自題「雞窩」二大字於一柄芭蕉扇上，懸於客廳壁間。

❸ 酒蟹居後園有洋椒樹一株，枝葉繁茂。其枝下垂，葉若柳葉對開。夏陽喜之，言其為柳，似也不過。竹則為盆栽數大盆，然枝葉挺拔，為酒蟹居園景一大特色。

❹ 美麗持家，窗明几淨。訪者無不稱讚。詩人楊牧更以「無垢」贈女主人為號。

❺ 我當時尚未戒菸，喜抽菸斗。以葡萄數粒置菸包中，取其有潤溼作用，兼收香味。夏陽初見，大為讚賞。以為莊氏奇法妙方，考諸中外未之有也。

❻ 當日馳車外出用餐，為夏陽洗塵。

❼ 夏陽見我燃抽葡萄美菸，也想一試。我遂以另一菸斗供其「過癮」。不意他向不抽菸，吞吸過猛，致有暈頭轉向之感。

門栽拖把花❽，院垂掛麪柳❾；
堂前酒蟹席，廚下母雞走❿。

一氣獻詩三首之後，他仍意猶未盡，遂教唆我與他合作，再次聯手打油：

門前拖把花，門裏好人家。
主人年半百，渾家三十八。
姻緣三生定，景色四時佳。
有子才貌俱，翩翩眾人誇。
客來忘歸去，酒酣語喧譁。
論道兼文史，故國遠天涯。

---

❽ 酒蟹居大門前植 Nile Lily 數株。花開時，一枝獨秀若繡球，甚美。俟其殘凋後，狀似晾乾之拖把，夏陽因以「拖把花」名之。

❾ 酒蟹居後園之洋椒樹，垂枝若柳，「掛麪柳」亦夏陽賜名，取「掛麪」與「拖把」對仗也。

❿ 母雞者，酒蟹居女主人夏美麗也。

鄉音猶未改，白頭已蒹葭。
空餘英雄氣，寒月浪淘沙。
因風動萬葉，驕陽出奇葩。
君問此中意，老莊自賣瓜。

詩中第十一句、十五句、十七句、十八句為夏陽筆。「寒月浪淘沙」及「因風動萬葉」兩句言我在域外舌耕，不免時有蕭索之感。

一九八〇年代晚期，夏陽攜妻爽熹返臺定居。十數年之後，又遷居上海，購置了一幢小公寓，安度晚年。生活輕鬆平靜，堪稱是他此生最愜意的日子。

神旺偶遇

二〇〇六年十一月二十五日，晨六時半梳洗既畢偕美麗在臺北市忠孝東路神旺大酒

2003年祖美（右二）及祖葳（右）在夏陽上海寓所與他及新畫作合影。

店一樓早餐部進食。忽聞有人呼叫「美麗」。定睛環視，發現竟是夏陽爽熹伉儷。人生離別在美又巧會臺北，真不可思議。原來臺北某畫廊為夏陽主辦個展，安排住宿神旺。於是與他們同桌進餐，膳未用畢，夏陽即取餐巾紙掏出鋼筆打油一首：

萬里來此呼美麗，相逢甚歡道別離；
詩翁加歲白髮增，卻喜文章撐肚皮。

既已相逢，豈能無感。承夏陽打油為贈，遂酬之如下：

一

下樓早餐療腹饑，驚聞呼叫夏美麗；
眾裏尋他十步內，但見夏陽吳爽熹。

二

老來惟有夏美麗，白髮無多今更稀；
餖飣文字何足道，但存空空大肚皮。

三

白髮蒼蒼老夏陽，不期相遇在神旺。
一別十載不見君，但聞移居棲滬上。
容顏依舊情未改，老當益壯清氣爽。
古希猶發初春枝⑪，國仇家恨信手颺。
九州未同桴江海，點點癡癡又何妨⑫。

鄉弟・學弟・小老弟——陳彥增

酒蟹居的第二位高量打油詩人是老友陳君彥增。

彥增少年時與我同在臺中二中求學，二人班次相差一屆。中學畢業後，我與他先後入學臺大。不但如此，二人同籍河北。中學時代我居臺中縣霧峰北溝村，而彥增家在臺

⑪ 夏陽畫風丕變，近古希而神韻依然。另發春枝，以為喻也。

⑫ 「點點癡癡」言彼此面上呈現之老人斑及夏陽之癡迷作畫不輟也。

中縣竹子坑之眷村，與我家僅一河之隔，相去數里而已。大學卒業，我跨海出洋，彥增則留守臺灣，任教於中興大學。他與友人書信，慣常打油成章，來美數度，皆過酒蟹居與我相聚，自然免不了打油詩作。一九九四年彥增文華伉儷首度赴加來美過訪，在酒蟹居小住五日，留詩三首：

一

加東去罷來美西，轉眼就到酒蟹居；
賓主言歡三五日，難忘加州一對雞。

二

酒蟹居中一對雞，起舞不在喚祖逖；
四支翅膀齊揮動，羨煞人間好夫妻。

三

莊家二爺居美西，化番多年行有餘；
陳郭渡海來敘舊，難忘數日酒蟹居。

一九九六年九月十二日，彥增文華偕女可玫又至，詩云：

前度陳郎今又來，多個跟班好散財；
有財堪散祇須散，不讓銀子隨骨埋。

文華小飲興起，也謅得兩句：

放歌縱酒莫嫌老，烹魚啖蟹不宜遲；
海外棲身三十載，燈前談說少年時。
（此詩後二句為我補成。）

養生無憂齊打油

當然，除了前述酒蟹居中飲酒常客諸仙外，尚有偶訪客人偶成詩句見贈者，頗不乏人。茲揀拾若干於此錄下：

1996 年陳彥增（左）來酒蟹居合影。

一九七九年六月九日，三弟莊喆訪酒蟹居，燈下談及莊氏兄弟近年分散天涯東西，有感成句：

三闖酒蟹居，專期古城會⑬；
不見四爺人，酒蟹淡無味。
參商不見久，兄弟各西東；
今夕天涯聚，恍如一夢中。

一九八〇年十月，正中老母曹端群大人來美訪酒蟹居：

桃源何處有，只在酒蟹居；
主人高雅士，飽讀五車書。

一九八一年二月九日臺大外文系教授兼文學院院長侯健先生及臺灣名文學藝術評家姚一葦先生到訪酒蟹居，有贈句，有打油：

⑬ 四弟莊靈原定六月八日自臺來美，提赴酒蟹居兄弟相會，旋因故改期，喆弟因有此句。

酒色無緣且作詩，江郎才調擅當時；
莊周家學淵源外，猶有閒情效牧之。
（姚一葦）

貪酒狂夫快朵頤，華筵盛展謝美麗；
此時只恨一樁事，上眼光欺下眼皮。
（侯健）

一九八三年中國大陸作家吳祖光訪美，十二月廿五日過舊金山到訪酒蟹居，有詩見贈：

酒色無緣實有緣，莊家伉儷似神仙；
會當重飲團圓酒，好事應須說萬千。

國學大師周策縱，生前幸訪酒蟹居二次。一九八八年初訪，二〇〇二年再訪，皆承贈詩：

1987年吳祖光（右）來酒蟹居，在雞形木板上題下「天下白」三字相贈。

二美山中酒蟹居，一冊海外風雅史[14]；
可證天涯若比鄰，頁頁題滿相思字。

周公不只學問淵博，食量亦大。該日在酒蟹居便餐，竟一氣吃了四隻雞腿。重訪贈詩有句：

莊子養生吾曾說，夏美乘時我亦言；
酒蟹居中談舊事，城南今昔見天然。

酒蟹居女主人美麗的妹夫張至璋，自澳洲來美已不知凡幾。二〇〇四年打油相贈：

七一少翁健步飛，五九玉婆不言累；
天行日月有盈虧，人間鴛鴦是絕配。

[14] 此詩是在看了我們的「酒蟹居嘉賓留言簿」後立成。

2006 年祖麗（右二）、至璋（右三）由澳洲來美，正逢過年，約祖葳（左三）一起在酒蟹居吃飯歡渡。右一為鍾典哲。

2007 年夏祖焯夫婦（後排左一、二）、夏祖美夫婦、夏祖麗夫婦（後排右一、二）、夏祖葳夫婦（後排中）難得在加州相聚。

第十四部分

莊門兄弟

莊氏一門兄弟在文與藝上的耕耘和自許，及對人文的關切，
因為他們彼此有一共同的認識，即是「盡職責」……
他們努力不懈，
不動搖的向前邁進而絕不自矜。

大哥莊申，屬猴。長於二弟莊因一歲、三弟莊喆兩歲、四弟莊靈六歲。莊氏一門原籍江蘇常州（武進），申、因、喆都在北京（原北平）出生。靈弟於中、日戰爭時期生於貴州省貴陽市。

貴州省是中國苗族最多的省分。四弟幼少時，父親有時呼他為「小苗子」。原因是當年莊氏一門在抗戰時期遠離北京遷至貴州省安順時賃屋而居的房東趙太爺，逕呼他家僕人之一的一位年輕苗族姑娘叫「小苗子」。父親沿借汪太爺的習慣呼莊靈為「小苗子」，除了可被視為有同感的文化性的小玩笑外，當然是有一定程度上的文化優越感的。我現在想，父親極可能把當年全貴州省全安順縣的人口都視之為「苗子」的。文化優越感，就是俗說的「排外」的一種。其實，這是人類在進化過程中難免的一種現象。也即是說，這是人類在進化論中無可避免的事實。中國人在歷史上呼四方的外族為「夷」，為「狄」，為「鮮」，為「奴」，為「番」；當年黑人牙膏以黑人為品牌以顯牙齒潔白等，就是實例。優勝於劣，誰云不然？問題是，這在人類進化歷史上的現象，只能讓他停存於「史」中，文明文化既在向前發展，我們就不宜也不應一而再、再而三來炒歷史的冷飯了。我在一九五三年（民國四十二年）上大學的時候，住在臺北市溫州街臺灣大學第一男生宿舍第四室，室中有十位法學院的同學，但只有一位翁姓同學不是所謂的「外省人」（「外省人」這個詞的本身，就有十足的排他性和顯示「本土」的優越感），而室友中的一位何姓外省籍同學就以「假土人」的封號送給了他。說「假」，是因為翁姓同學的「國語」說得極好，字正腔圓，何姓同學遂以「以假亂真」諷喻。現在，在臺灣，說閩南漢語的臺灣人，把「原住民」的封號罩在原非中土漢族的外族人頭上，僅把「山地人」易為「原住民」，似乎多少仍顯示文化優越感。

大哥莊申

莊氏兄弟一門，自幼以來，便長期經歷世界性的文化侵略。大哥莊申是一位治藝術史的學人。他雖難免有一點「大中國文化沙文主義」的色彩來自父親的遺傳，但因為他自幼以來一直受到無可睥睨的故宮文物的文化薰陶，這對他在臺灣文化界被公認為有氣魄、有才學、有識見的學人，就是最好的說明。我以有如此的大哥自豪。內舉不避親，這是我要突出大哥作為一個嚴肅的學人的緣故。

莊門兄弟在文與藝上的耕耘和自許，及對人文的關切，因為他們彼此有一共同的認識，即是「盡職責」。所謂「盡職責」，乃指不俗化。這是依據個人興趣與志向選擇可以發揮一己專長的工作。他們努力不懈，不動搖的向前邁進而絕不自矜。所謂「不俗化」，是為了理想、志趣，不迎合時尚，也不顧一般世俗的要求愛好。

嚴肅而固執，自信而寡言

大哥在大學就讀的初期，已經有時、有序、自律地在課業學習以外，開始從事對中國藝術文化史的寫作計畫而大量閱讀和思考了。那時，莊家住在臺中縣霧峰鄉北溝村的故宮宿舍裏。房子是一所既粗糙又簡陋的村舍。大哥、我、三弟、四弟同棲一室。室中是一日式似炕的榻榻米大床，四人便依序同榻而眠。大哥慣常在入夜俟三個弟弟就寢之後，獨自留在外屋——那間父親的客廳兼書房及起居室——一隅的小書桌上伏案讀寫直至深夜，有時甚至熬到天明。某年的一個冬夜，我自寒雨淅瀝中醒來，發現身旁大哥保留靠牆的榻位上沒有他的身影，便輕躡地爬下床榻，推門看視。果然看見他在幽暗昏黃的燈下孜孜工作著。他大約發現了我在偷窺，就說：「要上廁所就大大方方去，不然就回去睡覺。偷看個什麼？天涼，外邊下雨，別著涼了。」第二天一早雞叫聲中醒來，我看見大哥在我身旁睡得很熟。他的外衣上裝竟壓蓋在我腳上。

雖然他只長我一歲，對我及下面的兩個弟弟，大哥自小便展露出兄長的威嚴來。他很少跟我們三個弟弟說話。因此，我們也彷彿對他產生了一種微妙的懼感，於是對他保持了一定程度的距離。比方說，他在臺北的大學中習會了玩撲克牌的橋戲，於放假返家時，便主動教導我們三個弟弟玩橋牌的遊戲。而只要我們都在家，他想藉玩撲克牌以減其讀寫的疲累時，便會喚我們去陪他橋戲，不管我們是否各有自己的工作。在玩時，姑不論誰做了他的「夢家」(partner)，都是大麻煩。因為，夢家如果叫錯了牌，大哥都會不留情面予以苛責。倘若「夢家」的下手出錯了牌，那也會遭到他的痛斥：「笨蛋！怎麼可以出這張牌？出牌跟不論做什麼事都一樣，一定要小心。否則就全盤皆輸了。」

基本上，大哥是一個極端重視原則的人。所謂「原則」，是指他自書冊上，以及他自中國文化傳統中汲取到的而用之於個人為人處世上應有的一種概念和行為。這當然尤其是關於一個高級知識分子的言與行。舉例言之：一個知識分子，如果要公開表達其對於人和事的知識及見解，用大哥的話來說，其人之言與行務必「正當」。比如，身為政府主掌教育大計的人，其言其行必須符合其身分職責，絕不可輕率妄言，也絕不可言不及義或言不由衷。否則，就是不「正」不「當」。對於學而優則仕的人，尤需警惕，因為大哥不會放過。

他所謂的「正當」，若是以行文方式來表達，則務必蒐證齊備，言之有物，捐棄偏見私見於最少程度，並以佳好的文字為傳達。不可以剽竊，不可以標新立異，一切都要憑依證據，方可立說。大哥在這方面的態度之堅定，因之不免在睥睨的眼神中傳達了他對於不夠水平的文字的不屑不滿。也因此，更難免由於他稍嫌率直的言辭而傷害了對方。質言之，大哥頗不耐虛偽和矯造，他在表達這方面的態度的直截，往往不預留任何緩衝，與對方傷了和氣。因此，在他的生活裏，「君子」就不多了。

一個人的「知」和「行」，是大哥認為作為一個有良知的知識分子所不可或缺的條件。凡是達不到他此一尺度的人，他絕不降格以求。他寧可傷人或得罪人也無意悔改。然則，大哥絕不是任意任性排斥他人的人，只是他對原則的執著與要求太過僵硬了些。一般所謂「為人」，按他的解釋，必須具有「正直的風骨和氣度」。他這般自律，在亂世，或是在物質生活過繁過華的社會中，就很容易與人發生磨擦了。

實際上，我認為大哥是一位真可稱得上「君子」的人。如此說，並不因為他是我的兄長。大哥對於世俗一些習慣和現象，倘若積非成是已到了他不能容忍從建議，既不屑也不願俯順的時候，就變得疾言厲色了。於是，在某些人心目中，他便被歸納在「孤芳自賞」、「自命不凡」、「特異獨行」或是「桀驁不馴」的範疇中去了。君子行善，就因為大哥原意極其純善，遂令他擇善固執。而可能因為太過固執，顯得稍微不近人情了。大哥對於原則的堅持並不錯，但處理問題時的應對方式有時卻有欠柔寬，於是常招來外界對他的負面批評和難以諒解。比方說，我上大學一年級的那年，某次到和平東路師大學生宿舍去看他。吃午飯的時間到了，大哥要我留下隨意在他宿舍吃了。與他同屆同系同班同寢室的一位學長，逕自先去食堂小吃部買了一些「私菜」，表示對我的歡迎。大哥見了，皺眉頗不以為然地對他說：「加菜請我老弟，犯不上由你來張羅。何必花這錢？我寫文章，有稿費，一向都是大家用，不對嗎？」學長聞說，立顯尷尬，便涎笑道：「話是沒錯。你每回得了稿費，大家一起花。今天我加點小菜對令弟表示意思，也是應該的。其實，這也是一石兩鳥，我自己也享用。」說著，又從褲袋內掏出一些零錢，堆在桌上，表示清還對大哥的欠借。大哥急了，一手推拒了那錢，道：「你這是幹什麼？不必了。今天你還了我，明天我又得再借給你，沒完沒了，何苦？」殊料學長也堅持原則，就在把鈔票來去推送之間，大哥突然出其不意，一把抓起了錢，登時將一張張鈔票撕得粉碎。

一剎時很是寂然。他的「袍澤之情」善意，竟突然變成了對別人「不近情理」的大負擔。做人，本來不是一件很輕鬆容易的事，唯其如此，不要把事情弄得難上加難。只要「問心無愧」，就好。

實則，大哥並不時常展笑。在他生前，與他相處，多數時候他總是擺下一張嚴肅寡言的臉，自信而固執，很少兩眼平視對方。

夕陽西下，斷腸人在天涯

一九九五年早秋，母親九十嵩壽，我跟喆弟自美返臺祝嘏。某日，我自岳父母在逸仙路上的家宅去旁側的國父紀念館散步。在人群喧鬧、市聲惹人、霓虹光彩閃爍的公園一角，我遠遠望見大哥正向我方走來。他是由大嫂攙扶著從他們在光復南路的家屋走來的。大哥的氣色尚好，只是病體稍顯孱弱。兄弟二人在那一塊我們所熟悉的土地上不期而遇，彷彿自幼成長的總角相逢於天涯一樣。斯時、斯地、斯景，突然給了我一陣足實的悽涼意。大哥佝僂著背，沒有笑容。他也如慣常一樣並未正視我，僅用低沉緩慢的口語問我何時返美。我說大約一星期左右，因為事瑣，可能不去他家辭行了。他聽了，只慘然地淡淡地說：「那咱們就此別過，我也不去送你了。有空就回來走走。」起風了，大嫂為他把項下那一枚襯衫上的扣子扣好，又為他把夾克的拉鍊拉起。大哥偏昂了頭，默默窺望天際。在那樣慘淡的早秋黃昏，我彷彿感到像在中、日戰爭時候與大哥一同站立在大後方數不盡的山頭中的一個山頭上，凝望高遠的飛鳥歸鴉一樣。抗戰時的大後方，在硝煙砲火中是望不見遙遠處的故鄉的。可是，在低陷的臺北城區，大哥又能望見什麼呢？他肯定也是望不見故鄉的了。「白日登山望烽火，黃昏飲馬畔交河」沒有；「無邊落木蕭蕭下，不盡長江滾滾來」也沒有；「枯藤、老樹、昏鴉。小橋、流水、人家。古道、西風、瘦馬。夕陽西下，斷腸人在天涯」，他所有所感的，大約也就是「夕陽西下，斷腸人在天涯」罷了。而大嫂也終於又攙扶著他，在他偶爾的乾咳聲中轉身走了。我一下子憶起了中學國文課本上朱自清先生的散文〈背影〉來，雖則大哥沒有像朱文中父親在送兒子登上火車離去時的回首，也沒對我說「進去吧，裏邊沒人」那樣的話語，而我卻有與朱先生相同的情懷。我望著大哥的背影，眼角潮潤了。「此地一為別，孤鴻萬里征」，別了。

那株葉落枝萎的老樹……

兩年以後的六月，大哥大嫂生前最後一次來美。他們先至奧立岡州探視長子莊庚，再轉去喬治亞州看望次子莊明。在去美東時，又與一大批親戚把晤，可能是意味著生離即死別，互道珍重再見吧。七月，他們來金山，深夜我去機場迎接他們來酒蟹居。住了三天，在臨返臺北前，大哥在我們的嘉賓留言簿上寫下：

回首三年來，因患癌症，腸、肺皆遭切除。亦曾一度悲觀絕望。後漸振奮，決心寫成《唐人生活史》，以遂吾志，不當自棄棄世。酒蟹居自經兩度裝修，內外煥然一新。有時靜坐椒樹下，耳無車馬之喧，雖有花葉迎風飄落，遍布衣髮，亦覺別有情趣。

椒樹係酒蟹居後園一景。那年冬季，就在大哥返臺數月後，未悉何故，那株老樹竟然一夕之間葉落枝萎，癯然死去。我當時即有不祥之感。此樹甚為大哥鍾愛，每次下榻酒蟹居，他都會靜坐樹下納涼或與我品茗談說。「樹猶如此，人何以堪」。想到他在寂寞天涯，對於自己寂寞的身後事，病中猶懷志發願以成書立說，他那不負殘生的堅定意念，正可以反映出來我在前面所言，大哥是一個他自認的「知識分子」當有「自律」的人，即使在世亂也當如此。

氣勢宏偉的皇皇巨著

在我手頭所收大哥莊申的有關藝術著述中，計有：

一、《扇子與中國文化》（中華民國八十一年臺灣東大圖書股份有限公司出版）

二、《從白紙到白銀》（中華民國八十六年臺灣東大圖書股份有限公司出版，上、下二冊）

三、《畫史觀微——莊申教授逝世三週年紀念文集》（中華民國九十二年臺灣國立歷史博物館出版）

四、《長安時代——唐人生活史》（二〇〇八年香港大學美術博物館出版，精裝大型雜誌開本）

他之前的著作，我未收有的，尚有《中國畫史研究》、《中國畫史研究續集》、《王維研究》、《元季四畫家詩校輯》、《美的源泉》等。從這裏，我們可以看出，他一生的研究興趣與寫作方向，是從美術史走進了文化史的大範疇中去。三十年中，有九冊大著（不僅是彩色圖片相配的美觀精印大書，而是匠心獨到的具大氣魄、大手筆、大方向的皇皇著述），在中國畫史上，在中國文化史上，皆可以說是相當不凡的成就。大哥著寫的認真、謹慎和他個人具有的才分，真足以令人景佩。他自己說：「我近年的研究興趣，大致是綜合文字與圖片而去重建古代中國日常生活方面的原有面貌。」（見莊申《扇子與中國文化》一書著者自序）搞建築的，是要先根據美學設計，然後工人一釘一鉚，一磚一木去建造。大哥治學，卻是設計師兼工人的雙重身分。這樣的建築，不但在中國，在世界上都是罕見的。在現在科技如此發達的時代，七十彷彿才是人生之始，大哥，這位文化史重建的大工程師，卻在這樣成熟的「童年」因病過世，實在是文化界的一個莫大損失。

還有一件頗值得一提的事，是大哥生前從事教學，對於學生所樹立的典範形象。他在國立臺灣大學藝術史研究所的學生陳葆真就說：「莊老師的認真敬業，博學耿介，不涉是非，待人坦承，成為學生們景仰的典範。」（見莊申著《畫史觀微》一書陳葆真〈懷念莊老師申慶先生〉一文）香港大學美術博物館總監楊春棠先生說：「莊申老師是出色的藝術史家，深受學子愛戴。我不是他的愛徒，卻也裨益於他的教誨。」楊氏更說：「這本《唐人生活史》，也只有莊老師如此淵博的學識，才能留予後人這一曠世遺作。」（見香港大學美術博物館出版莊申著《長安時代——唐人生活史》一書楊氏〈前言〉）

大哥的《唐人生活史》一書的撰寫綱要，其心目中的篇章包括了十三篇共五十六章，規模浩大。可惜已出版的《長安時代——唐人生活史》書中僅完成了四篇十二章。他原擬撰寫的綱要為：

一、都市篇
第一章　唐都長安
第二章　東都洛陽
第三章　唐代的幾個大城市
二、服飾篇
第一章　唐代婦女的服裝
第二章　唐代婦女的化妝
第三章　唐代婦女的飾物
第四章　唐代男子的服裝
第五章　唐代男子的裝備
第六章　唐代男子的帽
三、飲食篇
第一章　唐代的酒
第二章　唐人飲酒的場所與時間
第三章　唐代的酒具與酒令
第四章　唐代的案酒——下酒菜
第五章　唐代的主食
第六章　唐代的副食
第七章　唐代的宴會
第八章　唐代之調味品
第九章　唐代的茶
第十章　唐代飲茶之物價

四、考試篇
第一章 進士
第二章 明經
第三章 明法、明律、明書與明算
第四章 考試科目
第五章 進士之出路
五、文字篇
第一章 唐代的詩學
第二章 唐代的俗文學
六、交通篇
第一章 唐代的陸地交通
第二章 唐代的水上交通
第三章 唐代的海上交通

七、體育運動篇
第一章 馬球（白達）（體育史）
第二章 足球
第三章 拔河
第四章 其他
八、休閒生活篇
第一章 唐代的節日
第二章 休閒生活
第三章 宮廷娛樂
第四章 唐代的賭博
第五章 紀念碑
九、社會生活篇
第一章 唐代的婚姻
第二章 唐代的法律

第三章　唐代的醫學
第四章　唐代的習俗
第五章　唐代的宗教信仰
十、西域文明篇
第一章　唐代的胡人
第二章　唐代引進的西域文明
十一、婦女生活篇
第一章　婦女名字
第二章　家庭生活
第三章　歌舞伎
第四章　宮女生活
第五章　奪妻與文人生活
十二、藝術篇
第一章　唐代之繪畫
第二章　唐代之書學
第三章　唐代之工藝
第四章　唐代之雕塑
十三、動植物篇
第一章　動物
第二章　植物篇

僅就大哥此書自擬的撰寫綱要來看，篇章之細緻，真是一部工程浩大的專書。而每一章下又細別為各款各節，極是詳繁。這本業已出版的《唐人生活史》，包括了〈語言文字〉、〈化妝服飾〉、〈保健醫療〉、〈都市人口〉諸篇，加上〈雜篇〉及〈附錄〉，已達二百八十六頁。若是能依著者撰寫綱要而完成此書之刊行，豈非是長達一千二百頁以上大開本的一部皇皇巨著？這樣的一部精細完整詳實的唐人生活史，定然是前無古人，在文化史上如長江大河劃時代的不朽傑作。

我對於大哥抱病發願，立意要完成此書的堅毅精神，每一憶起，就肅然起敬。但願學術界治中國美術史的專家學者，能依其原已擬就的寫作綱要，同策同力而成全此書，這肯定會是文化史上傳世的轟轟烈烈壯舉。我以有這樣的大哥為榮為傲。大哥的不幸早逝，真令人有「出師未捷身先死，常使英雄淚滿襟」之嘆。

我不迷信。但是，世間事，有些是頗難以文字來表述的。大哥的著述，從文史開端，漸臻豐盛，而經過藝術的潤澤，歸之於「人」的活動。簡言之，可以說是自「文」入「化」。那是一條漫長而無盡處的大路。大哥持杖獨行，他要把這條大道上由行者踏烙上的足跡清掃出來。申，表述也，這是大哥的名字。他的一生所作所為，真的未負使命。

人稱為「家」的兩位胞弟

我有兩個弟弟：三弟莊喆和四弟莊靈。他們都是當今從事藝術創作的人。三弟是畫家，四弟是攝影家。

所謂「家」，是社會上對於一位從事藝術性活動的人，在其才賦、技法、知識及表現上發揮已臻高水平後的尊稱。這是外來的，而不是沐猴而冠自封的。中國在過去的男子大沙文主義社會時期，一個已婚男人對外介紹自己的妻室時，常稱「拙荊」、「賤內」，最多呼之為「內人」或「內子」，雖則是「大男人」，也不當沐猴而冠。於是在「裝樣子」的皮表下仍會對妻室作「心肝、寶貝」之暱稱。「內」與「外」縱有嚴格的區別，沐猴而冠是絕對不可以的。

我的兩個弟弟之為人稱「家」，是社會的公認。不是他們給自己戴「高帽子」。也不是我「內舉不避親」的奉承。

先說三弟莊喆。

三弟莊喆

由於自幼少長期受到故宮文物菁華的薰陶以及生活在大自然環境中所受到的感動，我們莊氏一門兄弟四人，都前前後後，多多少少具有性格上趨於藝術的偏向。當然，在才分上，三弟莊喆是對繪畫藝術的欣賞與創作最有才具最為成功的人。我在高中畢業投考大學時，曾報考師範大學（當時的臺灣省立師範學院）的藝術系，只是心存「玩票」而已，雖云也考上了，還是棄之而選了臺大法學院。可是三弟則不一樣。他於次年臺灣大專院校首屆聯合招生，是以藝術系為第一志願而進入師範大學的。這可以見出他對藝術獻身的執著。

對藝術獻身的執著

在中學階段，大哥、我與三弟，便時常分別以文字及繪畫（漫畫）向報紙投稿了。我跟三弟的漫畫屢被報紙採用。對我來說，「竊喜」居首，「有利（稿費）可圖」居次。但對喆弟來說，那則是對於他自己定位於藝事上的一種磨練表出使命感的嚴肅。在接到報社寄來的稿費時，他因此鮮少似我的興奮。

經過在師大藝術系四年的訓練，畢業後，莊喆成功地以他的成績被其大學同門學長及其他從事繪畫專業的朋友所認同，於是加入了當時在臺灣標榜現代繪畫藝術的前瞻組織「五月畫會」。幾度展覽之後，喆弟得到外界的一致欣賞，於斯時便朝向成「家」的路途逐步行去了。

在他大學求學期間，暑假還家，他時常揹了畫架，帶了工具材料去山間田野寫生。

我多次跟去，也樂意為這樣的一位弟弟負擔一點揹負的責任。在田間寫生作畫，所用材料不是國畫的水墨或水彩顏料，而是油畫用的厚畫布及顏料。那樣的東西，對當時公教人員子弟的莊喆來說，是一筆相當大的負擔。我於是便用賺取的有限稿費購買了油畫顏料供他使用。對於世界級的繪畫大師如梵谷、馬蒂斯、畢卡索、塞尚等人，也是莊喆為我引介方知的。

就在那樣的時代，政治軍事強化一切。文化一如淺水之龍，必須掙扎自求方得脫困。而莊喆在藝術大道上踽踽行去，已經是一幅彩霞滿天的美景了。

承前啟後的世界級中國畫家

莊喆的繪畫，在初啟時就未拘限自己在某一大家之風格及技法之下，而是運用他自己的思考（哲學）去推敲摸索的。這非常不像一般習技的手法。中國的書法家開始獨宗一師，習就王（羲之）、顏（真卿）、蘇（東坡）、趙（孟頫）、文（徵明）的祕訣之後，一展所習，我們便不難看出王、顏、蘇、趙、文對他們產生的神髓精神及技巧。國畫的人物畫家亦然，仕女則一律修眉、櫻脣、挑眼。而莊喆則不然。他的繪畫，自始便自成一家。比方說，在加入五月畫會的早期，用貼紙於畫布，重用國畫墨色的布局，題寫漢字於畫布之上的手法，完全自創。但是，他已經把中國畫的「精神」移置到西畫上，作出交流的意識表現了。中國畫的「皴法」，也長久以來為他的作品促成了重要的基礎。故宮藏品的畫作，對他絕對有一定的深遠影響。他在寫給我的信函中曾這樣說：

關於對藝術上的承接，其實，我的東西從上世紀六十年代出道時，就覺得是先由中而西，復漸由西返中。我那時在巴黎訪晤趙無極、朱德群，就覺得為什麼要以西方戰後所謂的國際主義圈定屬籍，應該自己先成獨立的個人，不要被圈在什麼 school 中。我當年在臺灣籌劃心目中的中國新藝術，仍是以中國地區來設定自己的。……莊子的齊物論其實較之老子的玄觀在藝術上透出的訊息明確得多。那就是，自然的容納可從山川、地域、鳥獸、蟲魚為著力點，而並不是虛玄的。中國過去的分山水、人物、花鳥分頭著手，其實在較自由造形的抽象觀中，都可兼顧觸及。……目前，我已有些畫介於人與物象之間，風、雲、石、獸、人、蟲，相互在觸發，也就是佛家所謂的輪迴，都是相通的。

上面說的，都是莊喆近十年來的構想。他希望藉作品來呈現，問題可能是順利，也可能是失敗。不過，無論如何，莊喆絕對是一個我在前面所說的有「使命感」有大氣候大魄力的藝術家。他的「藝術」，以哲學為主導，絕對不同於時下一般的畫家。自趙無極、朱德群之後，他應該是承前啟後的世界級中國畫家中的領風騷的人了。

「宇宙級」的生命氣勢

莊喆的「山川、鳥獸、蟲魚、人」的融通藝術觀，也就是他的哲學觀、宇宙觀。猴子不會也不能畫，鯊魚不會也不能畫，樹不會也不能畫，花不會也不能畫，草不會也不能畫，石不會也不能畫，水不會也不能畫，而只有「人」會也可以畫。莊喆是人，當然是「人」在畫，而不僅是一個「莊喆」在畫。畫畫的人，是莊喆的神靈外放，借「人」而呈展的。畫家的投入，用自己的感覺與世間萬物息息相通，方能物我一體，這也即是「氣」的靈通。畫家創作時的忘「我」方能顯示人意天意的湊和，就像交響樂般萬物合奏齊鳴的大音。父親生前曾有〈霧峰洞天山堂題壁〉一詩，其中「人生到處應何似，行雲流水聽自然；隨遇而安尋常事，縱浪大化任周旋」四句，正係指此。

在近代的中國畫家中，成大家的人物，我認為大概沒有超越張大千先生的了。張先生的潑墨山水風景，開拓了中國畫的靈魂之窗。但是，再怎麼說，其氣勢仍有濃郁的中國味。而莊喆則不然。他的現代畫，是宇宙級的。他把圖象賦予了宇宙萬物共有的生命，不限於「中國」，他用色及筆（線條）勾拓灑落出有血肉紋肌的「圖」，是歸於宇宙萬物原本的顯現。他的畫有蒼、有茫、有氣、有機，而張大千先生的畫有蒼有茫有氣有潤，但欠缺了「機」。也就是缺少了哲韻。張氏的畫，用「色」也不及莊喆的全面。

人本意識的超然體現

莊喆的人物畫，當以他為羅漢尊者的造象為代表。

世間之象，在我們常人的眼中，莫不以人的心、眼為主導。透過「人」而觀望世界，方可令我們產生有以人為本的真實，有以人為本的壯麗，以及有以人為本的優越，有以人為本的滿足，和有以人為本的榮耀。我這樣說，正是因為宇宙萬物中，只有「人」可以去捕捉，可以去感覺，可以欣享宇宙的奧妙。同時可以透過心與眼，再創造屬於人本的宇宙。人本世間，姑無論什麼領域，文學、科學、醫學、音樂、美術、政治、經濟……都令人感到巨喜而值得大加頌讚。

「羅漢」一語，是為梵語 Arhat 一字的漢語音譯「阿羅漢」一詞之略稱。羅漢者，乃佛家聲聞乘斷盡三界（欲界、色界、無色界）一切思惑之聖者名。藝術家於創作人物

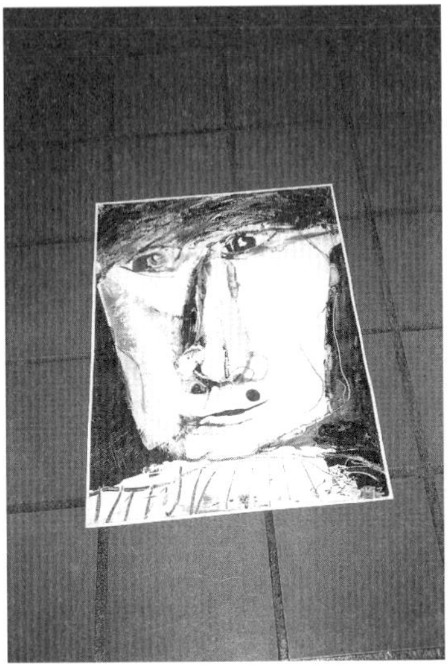

莊喆畫莊因像。

莊喆與其畫作「羅漢」合影。

時，如能自羅漢入手，則必能有一層精深、純潔、博大之意義存在。若能再將此一層深義敷設，則必引發一種「純化」作用，也即是還歸人本。這應是藝術上至高尊貴之處。西方宗教的聖母像，當亦為純化人物藝術所設。但是，那樣的純化滌洗作用全係人為創設，過於遺世，頭頂上之光環，更是誇張不實，完全沒有「羅漢」以真人立於世上的純善與真美。莊喆曾旅遊印度，他說在街上處處看到羅漢僧人，動人極了。這就顯示出「人」為宇宙萬物之一的「本」來面目。他說：「我在印度旅行時，見到了不少印度人稱之為『聖者』的人，這些人幾乎就是活羅漢。因為他們的確常住世間。」所以，具有老莊仙道色彩的中國羅漢，在莊喆的眼中，他認為不「純」。而他所謂的「純」，乃是試將羅漢還其「人」之原本。這其實是一種博大的具有人本意識的宏規探索。有宗教的虔尊，卻沒有宗教的莫須有的神祕色彩，而是超然純真的體現。他說：「唐宋以後，歷代畫人所成的羅漢走了樣，過多的神仙色彩及道家色彩取代亦掩蓋了原旨，不純了。」這還不清楚嗎？

物我不分，天人合一

二〇〇五年，莊喆在臺灣臺北國立歷史博物館之「主題：原象」畫展，最能代表莊喆進入老境絕對成熟期的繪畫理念。當然也可看作是他的藝術自剖。「原象」二字，已然把他的藝術感全部道出。該次的展出作品，共有兩大主題：一、十六羅漢系列，二、雪舟破墨山水變奏系列。我們可以得見，「十六羅漢系列」中的羅漢，其所具的「象」，如果不以文字的「羅漢」來加以闡明，則莊喆的羅漢系列，其格局、其設色、其技法，可以說都與他的另一系列「雪舟破墨山水」完全一樣。這也即是，莊喆已經把「人」歸放在宇宙大體中，物、我不分了。

道，乃人之所積、所重、所施。天意如何，皆泛自人心人性。佛像，乃人所塑所創，乃以人心度萬物世相。藝術家據此造象，用人心人性的慧眼加以描繪。人能通天，此即所指。莊喆的十六羅漢造象，把他本人的哲思、所願、所感，塑繪出一尊尊羅漢，將人性與天意二者疏通，這種虔誠，我認為乃是莊喆藝術之大成。十六尊羅漢，個個具體而微的隱涵了藝術家的本願實相，這可以說是通天的藝術。他的羅漢繪畫中的每一筆觸，都勾勒出了藝術家本心人性通天廣被宇宙的大呼吸，站立在他繪製的羅漢前，這種呼吸如松濤淩揚，彷彿是畫家的神感靈飛，達到了至高至尊的天人合一旨意。這種氣派態勢的壯闊，都是莊喆的「人」乃萬物之靈的靈感促成的。

我一直以為，莊喆的繪畫，實係「心」畫。藝術家完成作品的雙手雙眼，只是可以憑依的「具」而已。畫中有「心」，那畫就是天籟了。在「主題：原象」展覽場地的歷史博物館代理館長曾德錦先生說：「他（莊喆）詮釋著心中空靈的山水，並試圖創作出畫家心中的原象。」正是此意。莊喆繪畫中所展示的強大張力與感染力，在近代及現代中國畫家中，肯定是具有超前的代表性的。

四弟莊靈

我的另一位弟弟是莊門四兄弟的老么莊靈。

前面我已便中談到，我們莊氏兄弟的名字，因父親在大學時代是專攻哲學的，是故他給我們取名字的時候，難免偏向哲思了。莊靈的名字，便是浩渺深邃，幽祕無限。

從「咔嚓」聲中取得變化中的永恆

攝影，俗稱照相。大千萬般，物各有相。蘇東坡說：「自其變者而觀之，則天地曾不能以一瞬；自其不變者而觀之，則物與我皆無盡也。」宇宙間之萬物，不僅各具其相，且分毫都在變中。就在此變中「咔嚓」一聲取得變化中的永恆，這就是攝影家的任務和天趣了。

攝影與繪畫不同。後者是創作者將心外放，投入「象」中，用主觀去詮釋客觀，去描述客觀，去表現客觀。畫家可以造象。但攝影家因受拘於象，不可自造，只能捕象捉象，透過人的心與神，去融貫感受那瞬間的實存。我曾寫過一首有韻的小詩，大約闡述此意：

咔嚓咔嚓，一閃一抓。
閃個什麼？抓的是啥？
大千世界，麻麻花花。
瞬間永恆，有靈是它。
穿透「心」「機」，一觸到家。

讓一切可見光景全部回歸於浩淼無垠的大自然

前面我寫莊喆的時候，說他的畫「有蒼、有茫、有氣、有機」，機者，哲韻也。莊靈也有機。除了作為工具去捕去捉「象」的照相機外，那「機」，就是他的（心）靈了。靈，是感覺。這是必須靠遊走各方去透視之後，用感覺取材的。攝影家不似畫家，可以坐在工作室中去造象，他如果要靈遊外界取相，則非在人間壯遊不可。遊得越勤，遊得越遠，那才是不負壯遊。以此立言，莊靈此生壯遊世界是相當豐饒的。他遠遊靈視，捕捉瞬間偶然以成永恆，這就是他人在七十這年的「莊靈・靈視」攝影展所要揭示的。他說：「讓攝影自然地呈現人世間的一切可見光景，讓一切可見光景全都回歸於浩渺無垠的大自然，大概就是『莊靈・靈視』希望呈現給觀者的境界與追求吧。」

「讓一切可見光景全部回歸於浩渺無垠的大自然」，這一點，有靈乃大，與他的兄長三哥莊喆之用心投入感覺與世間萬物相通終而物我一體的表達，我稱之為「氣的靈通」，莊靈的途徑和他呈現出的世界是和莊喆一樣的。所不同者，莊喆的途徑是「外放」，而莊靈的途徑則是「引入」。他們都是心在世間壯遊。

心眼與第三胳臂

莊靈是有心也有眼的。只有「心」尚不足，有心無「眼」亦是罔然。

他在「莊靈・靈視」攝影展中的「人間偶遇」專題，如果沒有人間壯遊，便捕捉不到那些永恆的「偶」。而這些「偶然」在他「咔嚓」一聲捕捉到時對於空間的攝取，對於色調的求取，對於背景的把握，都是經過「靈」的藝術處理的，不是純偶然。把人間偶遇，變成了永恆的這種「靈視」，肯定是與藝術的融通有關，而非一般攝影家但憑「咔嚓」可得。所以，我覺得一個非凡的攝影家或畫家，如果不能在人物上取勝，但憑自然景物先天的容顏，其功力是不能臻於至上的。看莊靈的攝影，最讓我動容的方面，是他的人物攝影。他把那些人物生前留駐在人間的一瞬給捕捉下來，使之定於永恆移動中。而尤其是那些我們熟悉親近的人物，他們一生的表現完全綻露了。這種頂級大師的手筆，令人折服。

令人折服的條件之一，對於一個已婚的人，尤其是男人來說，其另一半的支持至為重要。這另一半，對於她的「牽手」的生活的打理、對於牽手的志向趣味的接納與支持，在涓涓的愛流中漂滌，讓她的另一半可以全心全志的去發展，那麼，可以說，她就是他身上的第三隻胳臂了。

弟妹陳夏生就是莊靈身上的第三隻胳臂。

莊靈七十壽辰，我寫給他一首俚語打油戲作：

俚語村諺本一絕，賀喜壽星莊四爺。
七十古稀今不稀，摘下一天過小節。
百般事，逐一學：
光腳旦丑弗穿鞋，死結活扣善拿捏。
滿碟炒蛋加蕃茄，牛肉上湯配鍋貼，細嚼慢嚥不打嗐。
虎落平陽任馳騁，八方四面難停歇。
九十過了人之瑞，不登泰山休言別。

莊靈的三位兄長，都早期出國，對於父母盡孝及照料的責任，於是完完全全落在他和弟妹夏生的肩上了。老人的個性、行為、生活方式以及哲學思惟，在很多方面是頗難與之極為平順達成溝通目的的。在這樣艱困圖存數十年與二老的共同生活中，夏生一貫默默地平靜地供獻出她的精神、體力、智慧與時間，使兩代生活達到可以接受的穩定平和，也使得她的另一半莊靈得以去揮展其才藝，而終於得以「虎落平陽任馳騁」（莊靈生肖屬虎。在父母親過世後，他的壓力大減，可以充分地揮展其才與藝了）。我喜見莊靈《莊

2007 年在臺慶祝莊靈 70 歲生日，他手捧莊因送給他的打油詩合影。

靈・靈視》一書在他古希之年的推出。我也可以感受到，他之所以可以在晚晴時分推出，那是因為他的另一半善盡了「推手」之功。

第十五部分

臥虎藏龍

攻讀高級學位，並無不是。

但這並不意味弄到了一頂博士或碩士帽，

就可以捧著這頂高帽子吃四方了。

生活品質才是人的一生中極關重要的。

不失赤子之心的高克毅先生

酒蟹居的書齋裏，有高克毅先生（筆名喬志高，George Kao）所贈《灣區華夏》（*Cathay by the Bay*）一冊。此書是克毅先生生前最後一本英文著作，記述二十世紀五十年代美國加州舊金山華埠的一鱗半爪。

這本書承克毅先生邀我為之繪圖封面及插畫，雖則封面上作者署名 George Kao，但他私下堅稱我也是著者之一。此書出版後（香港中文大學一九八八年），他於該年六月二十一日寄贈給我們該書一冊的扉頁上這樣簽寫：「送給美麗——為我們兩人書畫合作留念。」書贈給我妻而未贈我，是克毅先生已經把我「抬舉」為著者了。我說「抬舉」，實不為過。因為克毅先生在「為我們兩人書畫合作留念」的題簽之下，自己謙遜地閃身一旁，為我預留下了在「同贈」二字上方左旁的簽名地位。這就是克毅先生生前常予人高氣質有文化感的幽默。

與喬志高喜相逢

當然，在他贈書之前，我就已經是克毅先生的讀者了。一九八八年春間，克毅先生偕夫人訪問臺、港，道經金山，專程造訪酒蟹居，邀約我為其即將出版之大著《灣區華夏》一書配圖。這是我們的初見。克毅先生是我岳父（何凡）岳母（林海音）生前友人。他們的結識，乃因其生前多冊中文著作都由岳母大人經營之「純文學出版社」出版。我的岳父母是久居北京頗有「京味兒」的文化人，而克毅先生雖生於美國，少年期雖生活於美國，但青年期卻是返回中國在北京的燕京大學完成其高等教育的。他們彼此都有自己身上所浸享的「京味兒」背景，遂從商業關係進一步建立了友誼。一九八八年克毅先生專訪酒蟹居，大概就是自我岳家得知我在美西加州舊金山灣區大學中從事對於洋生徒傳授中國文化的教

1988 年高克毅夫婦（右一、左二）與莊因夫婦在酒蟹居合影。

育工作有關。化番，靠的是語文知識和真正的興趣及志願。而克毅先生正是畢生對於中、英兩種語文努力不懈，作出詮釋、深思熟慮的文化推手，於是乃有意與我結為忘年之交的吧。我臆測他親自登門邀約我為其大著配圖的另一可能，是他見到了我於一九八七年為楊明顯女士的大著《長白山下的童話》一書的插圖，心生偏愛使然。

不管怎麼說，那回與克毅先生相見，真是一次「喜相逢」，時間不過大約一小時左右。雖稱短暫，然則克毅先生卻給酒蟹居留下了滿室自然、親藹、優雅、又復詼諧的談笑。使我覺得有初識卻似故舊重逢的酣適愉快。妻與我原擬在外設宴接待貴賓，不意克毅先生微笑著婉謝了。他說：「我的下一本書是寫舊金山的唐人埠。這次貿然相訪，實為一石兩鳥。除了專程來邀約閣下為蕪著添色外，還想去金山大埠再做一次『唐人』，吃它一餐雜碎 (Chop Suey)。原擬邀請閣下及夫人共用晚餐的，但雜碎終非待客之道，只能獨享了。下次專程造訪，當以美式牛排正式恭請二位。」

雖說我們與克毅先生僅有一次正式面會之緣，但是，從一九八八年以後，每到聖誕新年時刻，都會投寄一張賀卡給克毅先生。而對方也必有回卡，且總在卡上寫下密密麻麻詼諧趣的文字。初時，於每年一卡投寄的同時，我們還會附上一紙支票。這是代岳母大人致給克毅先生的版稅。他笑稱此錢是「不義之財」。實際上，克毅先生在純文學出版社印行的書，都暢銷一時。這麼說，是又見高氏的幽默了。

大人者，不失其赤子之心也

去年（二〇〇八）高氏謝世，我們接獲其家人寄來的追思紀念卡。那上面有特意用中文排出了的孟子「大人者，不失其赤子之心也」這一句。同時還附有英文翻譯：He is a great man who has not lost his childhood heart. 克毅先生的子嗣把孟子的「大人」一語給「私化」了，譯成了"He"，很巧妙，也頗傳神。翻譯中更喻克毅先生為一「偉人」(great man)，足見子嗣們對於其先人生前曾是大力推動中、英文化交流功不可沒的「高」手，也定有一定程度的推崇、認同與尊敬的。

克毅先生謝世四個月後，我收到香港董橋兄惠寄的兩本他的精裝散文大著《絕色》及《故事》。置放書架時，我有意安排在克毅先生的這本《灣區華夏》的一旁，心想請董兄陪伴克毅先生身後的寂寥。董兄出身香港，於臺灣完成其大學學業後，返回籍地工作。而克毅先生生前亦曾任職香港，在香港中文大學擔任有關翻譯的工作。對於在中國大陸及臺灣的中國人來說，董、高都是「僑」。我這樣把他們二位特意捉對安排在天涯一隅我酒蟹居書齋的書架上，也是稍費苦心的。甚且，他們二位君子都精通英語，又都是從來不自戴高帽子而長時期以中文著述的高人。他們在港時是否相識我不知之，我這樣做，似可讓他們彼此互為生死之交吧！

二十年的卡片情誼

我與克毅先生之間每年一度的卡片往返、互通有無的聯繫，從一九八八年一直延至二〇〇七年。二〇〇五年他自佛羅里達寄來的賀年卡片上這樣寫道：

多謝賀卡。總是每年的第一張。

去年，抱歉，沒好好回覆。今次剛從馬里蘭待了四個月回來，恍如涉足兩個世界（按，係指家居及社交生活）。相處的人和每天三餐都不同。……我於年前動過手術後，勉強維持下去。只是舉動非常緩慢。

我們知曉克毅先生與夫人原本長期棲居馬里蘭，只是每逢冬寒時南下佛羅里達走避風雪取暖。而此番他說「剛從馬里蘭待了四個月回來」，這一「回」字表示著可以想見克毅先生已把他鄉的馬里蘭視為他鄉之他鄉了。鄉關的移動原是斷腸的事，雖說這與病體、老邁及氣候有關，卻是與故國河山更其遙遠，且也更偏處天涯一角了。由克毅先生手書的字跡來看，多扭曲不整，顯得力不從心，頗不似已往他談說時予人精神奕奕、豁達逸揚的感受了。他在卡片的背頁上還寫：

又，我在馬里蘭舊居，發現一紙箱多年前我們合作《灣區華夏》書稿時來往的函件，不勝今昔之感。如有要保存的，明年再去時當檢出寄奉。

次年，克毅先生給我們的賀年卡上，他卻寫道：

去年這年我不太順利。五月間我不慎跌了一跤。右耳受傷頗重，幸虧沒影響腦部。但究竟老邁，身心都不免衰退。夏秋之際，照例由二兒有德陪同，在馬里蘭舊居住了幾個月。翻檢昔日殘稿，發現我們合作編英文小書 *Cathay by the Bay* 往來的信件。其中有大作插畫原稿，應該全部奉還，以便保存為念。如蒙收納，恐要等到明年再回去時寄奉了。現在我做事緩慢，請見諒。

卡片上的筆跡，跟克毅先生在二〇〇五年寄來的卡片上的字跡相較，更嫌不整，彷佛已經捉筆顫抖。不過，在片頭上，他特意用紅筆書寫了「莊因、美麗：Merry Christmas and A Happy New Year」字樣，真是令人感動。而最令我感動的，當是克毅先生連續兩年，在他身體狀況不濟時，猶不忘要把存放在他處我為《灣區華夏》一書與他來往的信件及我的插畫原作寄還的這番誠意。

二〇〇七年，克毅先生在寄給我們的最後一張賀年卡片上，歪歪斜斜寫道：

莊因、美麗：

上個月我從馬里蘭回到此間，不久就住進了養病院。我的病症是飲食不能如常。幾個月來，體重減至一百磅左右。檢查過食道腸胃，並無大礙，只是三餐無法下嚥。經過一個多月的調養，無濟於事（醫院的美式伙食更加不合胃口），只好希望慢慢好轉。去年我在 Maryland 時，檢點舊稿，曾想將大作插圖原稿檢出奉還，不料這次體弱，無力實現。只好期諸他日。草草收行，此祝新年筆健，身心愉快。

克毅 G. K. 時年九十六足歲

「三餐無法下嚥」一說，固係病體使然，但其時因高夫人已逝，身畔孤寒，遂令克毅先生有強烈的失親失鄉之痛吧，這也是可以理解的。於是我想到自己一朝為「僑」棲遲天涯，這種愁慘孤單悽涼恐怕就是不可免的了。

持續三年，對於要將存放他處之我的舊稿寄還一事，他再三提及且表歉意，無他，明顯透露了其對事負責躬親的態度。尤其是對我這晚輩如此，著實特別令我崇敬。其實，能得到克毅先生的偏愛，以第三枝筆為其大著繪圖，已覺十分榮寵。在我的觀念裏，東西既已出手，就像進貢的品物，不再屬於原所有權人的了。克毅先生已登天國，那批他屢次提及的舊物，就令其存放於他生前的箱篋中，長伴他的音笑藹顏吧。

不願只做書蟲的生活投入者

克毅先生於一九三四年自美國中西部一個名為「哥倫比亞」的小鎮，到世界名都的紐約，在「哥倫比亞」大學求學三年。他當年並未選擇他在中國燕京大學及在密蘇里學院修習的專業新聞學，而是去攻讀政治學，主修國際關係與國際公法。用他自己在二〇〇五年香港《明報月刊》上發表的〈哥大與我——久已忘卻但又耿耿於懷的三年〉一文中的說法是「拐錯了一個彎」。因為他感到新聞之所以為學，是要從實際工作上得來，不能算是一門大學學院性的學科。而哥大當年政治系的師資極為充實，都是歐戰之後享譽國際、學界及政界的響叮噹人物。可是，哥大三年，用他自己在文中所言，是「心灰意冷，決定放棄」，沒有戴上博士方帽就走人了。

「心灰意冷，決定放棄」八字固然如其所說，但是，一個他未自言而可能促使他自動退學引為遺憾的原因則是他在文中所言「老實說，我自己也無意久居是邦」。除此之外，似乎還有另一原因。他在該文中說：「打初來哥大起，我並沒紮實地鑽研國際法這門學問。紐約的文化生活對我的引誘太大。每隔三五天，就有新電影偉構連帶雜耍戲碼上演，非看不可。舞臺劇和夜總會、美術館、五光十色的遊藝場所、觀光勝地，豈是短暫的旅客可以失之交臂的？」

克毅先生於求學期間，如此「心有旁騖」，不願只做一個「書蟲」，足見他是一個對於「生活」非常積極，而又正面的高級欣賞者及投入者。我們知道克毅先生生前是怎麼樣的一位生活者：他喜愛藝術、音樂；自己又是可以來它兩下子的從事繪畫的創作人；他喜愛文學；精於飲食（鄙視美國的粗糙食品）；穿著精爽得體。以他的身分、人品，在在表露出一個高級文化人的過人之處。是此，博士方帽，對他來說，就不是那麼重要了。

克毅先生的這種「求學觀」，我認為對於千、百、萬計由海峽兩岸土地上到國外升學（特別是美國）的中國菁英，應該是一種清涼劑。攻讀高級學位，並無不是。但這並不意味弄到了一頂博士或碩士帽，就可以捧著這頂高帽子吃四方了。生活品質才是人的一生中極關重要的。很多戴著高帽子的人，可惜對於生活卻交了白卷。現在，在臺灣，大概要在大專院校混個「教授」身分，「博士帽」恐怕是起碼的條件了。我當年在臺大做學生時，很多很多老師，學位只到大專畢業程度，沒有什麼「博士」「碩士」。但他們都是「教授」，且十分稱職。由他們這些沒有戴博士帽的教授，所教導培養出來的學生，在各行各業也都佔有極高地位，這怎麼說呢？這批學人不但專業無懈可擊，他們的語文強，他們的歷史感深，他們的生活充實，他們的一般知識廣，他們的思想正統、純正而不偏搖。他們怎麼看都不比戴著博士帽的人差。可是，這批國寶，就像當年的掛爐燒餅一樣，竟被牛奶、麵包、三明治、比薩大餅這些洋食品取代了，也被人遺忘了。

克毅先生的《灣區華夏》這本小書，對舊金山華埠都板街 (Grant Avenue) 上二十四小時營業的「三和粥廠」的記錄描述，著實令人溫暖。上世紀的六十年代，我三番兩頭會自舊金山海灣南灣開車去東北灣的柏克萊，與那邊的一大堆朋友經常去加大教授陳世驤先生府上聚會。某次，陳先生與我們這批小夥子談得興起，大約已是深夜一時許了，有人提議去舊金山華埠吃消夜。所去之處正是那家由廣東華僑經營的，克毅先生所謂的 "The envy of many a most imposing eatery, Sam Woh is the house that jook（粥）built" 的三和粥廠。果然一碗熱熱的魚生粥，卻是的確給了我足意的溫暖和如意之感。克毅先生在他的《灣區華夏》一書中說：

Sam Woh is at its best as a nocturnal rendezvous for entertainers after the best show, for habitues of night spots, workers home from the graveyard shift, and other assorted night-owls in Cathay by the Bay. ...You make your way straight up to the third floor and the comparative seclusion of booths. And when you come down again—the taste of chicken, parsley, and garlic still fragrant on your palate and the hot, nourishing broth warming the cockles of your heart, you feel in harmony with Heaven, Earth and Man, and can at last call it a day.

十年之後，我親身經驗了，三和粥廠一如高氏書中所言，真是絲毫不爽。於今思之，我雖已四十餘年未曾再去過三和粥廠，世驥先生也早就謝世，而當年那一批柏克萊吵吵鬧鬧互動的青年朋友，有的業已過世，有的重病，其他的也早都四散，且都是古希之齡的人了。唯有三和粥廠的粥氣，與天、地、人合而為一，似乎長久存於彼此心中吧。

風雨一杯酒，江山萬里心

這已都是四十年前的往事了。當年臺灣有流行歌曲把南唐後主李煜的詞用稍嫌無奈的聲調唱了出來：「春花秋月何時了，往事知多少！」分裂的中國，在海峽兩岸，毛澤東、周恩來、四人幫、鄧小平、胡耀邦、趙紫陽、蔣介石、蔣經國、胡適之、傅斯年、羅家倫、蔣夢麟……都過去了。在中國大陸，鄧小平在改革開放之後業已更換了兩位國家領導人；在臺灣，蔣氏父子之後，也換過了四任總統。俗云：四十不惑。不然，我仍惑之。我似乎肯定，在我有生之年，大概不可能看到一統的中國了。父親在一九七五年，寫了一付聯語給我：「風雨一杯酒，江湖十年心。」且有題字：「莊因去國十載，懷鄉念井，溢於言辭。為寫此聯，慰其愁思云爾。」懷鄉念井，仍無時不然。十年又加上了三個十年，這大約是第一代的華僑最大的心病：鄉井之人，已然早把他們除名了，可是

兒子莊誠、兒媳李康合影於父親所寫的聯語前。

他們的心根卻仍深植於鄉土中。我想，如果把下聯易為「江山萬里心」，對於棲遲天涯的我，也許更為貼切，父親在地下也會悽然一笑的吧：

風雨一杯酒，江山萬里心。

學者・詩人・高麗棒子——記「華凝」許世旭教授

酒蟹居有兩位外國友人，他們都是作家。

第一位是韓國詩人教授許世旭。

我與世旭初見並訂交是在一九八四年。那年，他攜家人自韓國來美，在柏克萊加州大學擔任客座研究員，住在柏克萊一旁之亞爾邦尼市的公寓裏。從他們公寓的陽臺上可以遠眺舊金山城。每逢夕陽西下，金山城彷彿是出水的蜃樓海市，披彩鍍金，非常耀眼。

詩人遂以「燃燒的城市」為題，擬賦詩一首。可是，至少我於兩年之後訪韓與詩人再見時，仍未見其詩作。倒是他那年初訪酒蟹居，知悉我與美麗都肖雞，立即在我們的嘉賓留言簿上寫了三句詩：

雞初鳴，世界才醒了。
雞再鳴，我想飛了。
雞與雞，是春日的幼稚園。

世旭是一個非常出色的漢語狂愛者。以「外人」的身分，把漢語修習到了能言、能讀、能寫的那種瀟灑田地，連很多中國人都比不上了。我最愛聽他一口流利卻帶有一點高麗棒子才有的那種口語中文。就像在餃子餡裏摻入一把大蒜末一樣，味道稍顯奇異，但十分可口。比方說，一九八六年我去韓國首爾（漢城）訪他，他頭天晚上方從美國返國，竟到機場去接我。十三小時遠洋飛行的疲憊還掛在臉上，他卻緊緊握著我的手，展笑地說：

「你終於親自來了。」

世旭所言所用漢語「親自」一語，是表示「個人」單獨如何如何。我在灣區與他相識後每次見面都曾聞說，而那次在韓國首爾聽見，感覺特別鮮活美好。「你終於親自來了」較之「你總算是單槍匹馬一個人來了」就令你耳朵為之稍癢，然則心中暢爽。「親自」經他一用，那種「言而有信」（君子一言）的飄香（我當年酒後對他說，下回返臺，定訪韓國），就跟聞到「糖醋排骨」的快感一樣。

世旭是一個十分懇率、熱情、重信的朋友。他愛飲酒，酒量不能算大，卻善鬧酒。我們在灣區的一批朋友，相聚當然有酒。大家公認應該有個「文友會」之類的組織，年高德劭善飲又有肆應能力之人自當被推為會長。但是一開始世旭便自告奮勇要擔任此職，吵鬧不休，而且連乾兩杯以示堅決。最後大家任命他為「灣區文友會漢城分會會長」，才算了結爭議。我一九八六年訪韓，抵達漢城當晚，老許請我吃韓國烤肉，並且點叫了韓國白乾「真露」酒。不由分說，滿斟兩杯，二人一飲而盡。連飲三杯之後，精緻的各式小菜二十餘種陸續擺排上來。世旭掀起一片紫蘇葉皮攤在手心上，夾了一撮烤肉，再添加若干小菜，包攏好了一口塞入口中，熱辣、粗獷、豪爽。我不甘人後，如法捲了也塞入口中。老許大樂，連道：「你已經親自變成道地的高麗棒子了。」用中文口語說，意思就是：「老莊，你可真行。一下子就掌握住我們韓國人的吃法。你真算得上是一個道道地地的高麗棒子了。」

那次我們重逢於漢江之濱後，世旭又率妻小兩度來美。一次是他在史丹福大學做了半年的拜訪學人（visiting professor），另一次是純旅遊。純旅遊的這一次，他堅持要在美國星條旗的國土上，以高麗棒子的身分「親自」以韓國烤肉宴招待我們。我於一九八九年大病之後，遵醫囑戒絕飲「硬酒」（hard liquor），未能跟他舉杯痛飲。事後他向我們抱歉灣區的那家韓國飯店的菜色「不太出色」（這可能是世旭的詩人漢語新詩用語，太文）。我說：「出色，用得稍微搶眼也太花俏了些。口語說『不

與韓國作家許世旭（右）在史大校園合影。

怎麼樣』、『馬馬虎虎』也就夠了，最多說成『湊合』、『還好』。」可是，我知道，下一次的類似場合，他一定還是會親自說出「親自」的。

我曾有好幾次接到世旭自韓國首爾打來的越洋電話。無甚緊要之事，只是他心血來潮，想到我，於是就打了。我想，我該給世旭取個「許親自」的綽號。因為，他實在就是一個予人「親自」之感的人。一九八六年我訪韓在返臺的當晚，世旭帶我去一家在他家附近的咖啡室，裏面有人彈唱。不知怎麼，他即興生情，一把搶過唱者手中的麥克風，以蒼涼的百濟調唱起韓國國家喻戶曉的〈阿里郎〉來。其聲如悲風低盪山谷河邊，蘆花野草偃仰動容。那是韓國民族之歌，正見出老許的個性來。

一身是膽的印度詩人兼作家謝彬朗

酒蟹居的另一位外籍朋友是印度詩人及小說家謝彬朗(Vikram Seth)。

謝彬朗是我在史丹福大學一九六〇年代的學生。他那時在史丹福攻讀經濟學博士學位，是我高級漢語班上極為出眾的學生。我在班上要求學生每週用中文書寫作文一篇，文題自選。謝彬朗在這方面的表現卓然不群。

我鮮少用如「傑出」這樣濃重的詞彙去形容稱許一個學生。但是，我對 Vikram 用了。所謂「傑出」，不僅是說他的才學過人，而是他具有一般人難於企及的過人之處，他的行為絕不隨俗。比方說，他堅持用中文表達他的思想及才識；比方說，他放棄了高額獎學金原可完成其經濟領域的高級學位，而心甘情願去試出自己的真正旨趣及長才而專心從事寫作（一般世俗可能認為這是愚不可及、不切實際的瘋狂）；比方說，他可以獨自一人從平生首次，目無親朋的中國新疆沙漠，身上只帶了極有限的銀兩及衣物，而經過西藏（那時還沒有通達西藏的鐵路，他有時步行），穿越尼泊爾，長途跋涉回到他的老家印度。果然，不負我的期望，謝彬朗成功了。他如今已是長住英國倫敦頗有名聲的外籍人士而能用漂亮的英文從事寫作的職業作家。他已經出版了的著作包括詩與小說

2000 年印度詩人謝彬朗（左）在酒蟹居與莊因合影。

數冊。

一九九〇年代，謝彬朗來美休閒度假，住在史丹福大學校園數月。他堅請我為他講授書藝，並認真練習。中國詩人中他特別欣賞王維，這也是連一般中國人中都少見的。一九九二年，他出版了《三位中國詩人》(*Three Chinese Poets—Translations of Poems by Wang Wei, Li Bai and Du Fu*) 一書，特別獻給我。在扉頁上寫下的字樣是：

To Yin Chuang
Professor Chuang, whose stern pen drew
Red rings around my puerile scrawling,
I hope this book appears to you,
If not appealing, not appalling.
Enthusiastic and sardonic,
Exacting, warm, and too soon past,
Yours classes, once my daily tonic,

Have borne eccentric fruit at last.

譯為中文，當是：

給

莊因老師

莊老師常用他一管紅筆，在我稚嫩、潦亂不清的字跡上，嚴肅地打上了紅圈。我期望，當這本小書呈現在您眼前時，雖對您不一定具有什麼吸引力，令您滿意，但也不至於令您吃驚。

您當年在史丹福大學漢語課上教學所展現的熱情、所表達的冷嘲熱諷、嚴格的教學態度、以及予人的溫暖感受和同情，雖已時過境遷，但當年曾為您的學生，上您的課也曾是我每天身心感受愉快的一刻。您的不務正業的學生，如今終於在寫作上開了花，結了果。

臺大中文系「三鄭」之二——大口鄭再發教授

當年臺大中文系有廣為同學深知的「三鄭」——大鄭鄭清茂，二鄭鄭再發，小鄭鄭錦全。三位均是臺籍，且俱為才俊學生。

我與二鄭再發結識最早。再發為人方正、懇篤、熱誠有禮。言語稍顯木訥，然言之有物。其治學行事，勤慎不苟。我於臺大中文研究所就讀時，再發已先我卒業，任職南港中央研究院歷史語言研究所。中文研究所學生必須習讀第二外國語文，我於是選習了日文。學術日文沿用漢文詞彙甚多，望文生義固屬不妥，卻實較研習其他外語略有僥倖勝算把握。但是，由於自幼經受日人侵華戰爭，而流徙逃難，飽受苦害，研習日文終是心腹之患。基是之故，三年研究所期間，對於日文的學習態度，難免會自以為是的若即若離了起來。到了應該提出論文畢業之前，校方擇期舉行第二外語甄試，竟然令我自嘆「苦也！苦也」，悔之亦晚了。再發見狀，挺身而出，自願在每日搭乘中央研究院自臺大文學院開至南港的交通車前，主動為我惡補日文一小時。地點就在文學院中文系研究生研究室。這樣的師徒二人制私授教學方式進行了大約半年，皇天不負再發悲恤之心，我的第二外語考試通過了。

我一九六四年離臺赴澳，次年來美，一直長住加州。再發隨後來美就讀，畢業之後任教職於威斯康辛大學，主講中國語言學。他人在美國中西部，雖說彼此同處花旗，卻鮮往來。一直到了一九八〇年代，再發在美教職已穩，且治學有成，經常返臺作短期研究並講學。往返經過金山，我們才算又續上了久廢的師徒情緣。

每次與再發相見，都是滿心歡喜。只可惜再發終因病痛經醫囑戒酒，不再飲之。與他共飯，有餚無酒，頗感遺憾。一九九八年世界漢語語言學會議在史丹福大學召開，再發與會，我開車去金山機場迎他來酒蟹居小住三日。雖不能酒，他仍興致高張，飯後一口氣提筆

2006 年莊因與臺大「三鄭」在臺灣喜相逢。右起：鄭錦全（小鄭）、鄭再發（二鄭）、莊因、鄭清茂（大鄭）。

寫下四首打油詩給我：

之一

契闊經年酒蟹居，主人能飯力有餘；
依然美麗開大口，細心周到意容與。

之二

生猛海鮮滿桌前，東道殷勤沒話說；
愧我如今如和尚，不酒不茶不吃多。

之三

趁他開會借名義，來看大口又美麗；
蝦蟹今番不怕多，餘香留作長相憶。

之四

南北東西又同桌，陳年舊事重新說；
居然一切渾如在，誰信分離歲月多。

再發雪真兄嫂身在威斯康辛，每年耶誕前必贈我該地出產之「氣死」(Cheese) 一大塊為禮。我無物回贈，但每次必打油一首致謝。這樣的「氣死打油」始於一九九八年，從未間斷。二〇〇七年我回臺參加高中畢業同學會，時再發正在臺灣師範大學駐校講學一年，曾與他多次相見。該年年尾返美，又接雪真嫂贈「氣死」一塊，即打油相謝：

又接氣死一大坨，肅立敬謝雪真婆。
雖云氣死氣不死，一天一片不為多。
笑呵呵，咯咯咯，
腦滿腸肥彌勒佛。
腰圍三十八，袒腹不消縮。
十月臺北見二鄭，三次赴宴坐同桌。
再發戒茶酒，莊二無奈何。
謹向大嫂報實情，絕非信口黑白說。
恭賀新禧過年好，氣死成金一筐籮。

我的名字，拆開便得「大口」二字。再發屢屢以此喚我。其實，「大口」二字他該留下自用，因為再發有一張大口，在他臉上從左裂到右。嘴雖稱大口，卻不瞎說，不是俗語稱說的「大嘴巴」。再發從不臧否人事，姑無論品享美食、談說論道、授業誨人、高歌助興，他本人都自控得宜。大口大口，再發當之無愧。

中華民國的半導體之父——記施敏教授

酒蟹居來訪客人中，有多位國士。所謂國士，是說這些人都有或國內或國外的國家研究院的院士頭銜。「院士」，是一項榮尊。所謂「士」，按中文的意思，是指在學術上有極高造詣的人，同時具備完整道德人格的人。古時有太上三不朽：立功、立德、立言，國士，士中之佼佼者也。但「士」並不等同於「仕」。古又有「學而優則仕」一說，現代人中遂有許多人抓住這一點，「好官我自為之」了。學而優則仕並不錯，但要看是什麼「仕」。比方說，前臺灣中央研究院院長李遠哲先生，就是一個沒有掌握好自己的專業的「士」，因為他想做「仕」的事太多了。如果是想「學而優則仕」的話，他應該就任教育部長，而不該就任中央研究院院長。中央研究院的政事是由中央研究院總幹事及各所所長當為的事，而非院長躬親。院長是「士」的代表，是「頭兒」，不是「仕」。中央研究院不是教育部。

研究院的院士，該「立德」和「立言」，不當「立功」。立功立德立言三不朽中最不當去觸碰的就是「立功」，而李先生偏偏去碰，而一碰再碰，於是「立德」隨之蒙羞，「立言」則把不該說不必說的全說了也全做了。

話題扯遠了，現歸正題。酒蟹居中所結識的數位國士，前有丁邦新、王正中，今再加上施敏、項武忠、李歐梵三君子。

施敏兄是我民國四十二年（一九五三）同年考入臺大的臺大人。在大學時，彼此並

1987 年與施敏（右）在莊因辦公室合影。

不相識。我們的相識是在美國的加州。施兄在我到史丹福大學任教前已戴著史大的博士方帽離去了。後來他的女公子做了史大的學生，我是她的漢語老師。施兄放棄了在美的厚祿工作事業（美國學術界半導體"Semiconductor"權威，其大著 *Semiconductor Devices—Physics and Technology* 一書，為全美同行著作排名第一，已被列為「經典」，為大專學校必備書籍），毅然返臺在新竹交通大學任教，培育才俊無數；同時走遊講學於中國大陸各大學，為中華民族培養科技人才，令人起敬。他七十大壽時，我曾有打油詩為賀：

西門❶施氏年古希，令世人兒不足奇。
高職優俸拱手讓，半導之父蓬萊居。
弗坐官衙不樹敵，冷了渾家王令儀。
海峽兩岸栽桃李，為國為民未暖蓆。
此心昭昭如日月，利益端為中華期。
深情大愛動天地，千秋萬代鬼神泣。

❶「西門」為施兄英文名 Simon 之音譯。

棲遲老漢天涯客，有幸識荊在灣區。

俚語村言來賀壽，無酒無菸無豚雞。

最令我敬佩的，是施兄所為端在學術與教學。他是不為夸夸之言，而盡心、盡力、盡責之人。獲獎多次，始終如一。施兄專業之精湛，無需我局外人多言。於治學外，其口琴表演功夫絕佳；且對文、史多方識見頗為不凡，興趣亦廣。真是國士博雅，君子也。

不以本行馳名的名嘴——記金山灣區中研院院士項武忠教授

另一位酒蟹居的國士朋友是項武忠。

武忠兄治數學，為普林斯頓大學教授。溢才過人，對人文方面的知與識博而通達。思路敏銳，口才亦健。臧否人物中肯，坐中如有他在，但見口若懸河，古今中外，讜論震聾發聵，聽者難於插置一二標點符號。夫人郭譽珮，秀外慧中，為當年臺大女狀元。然則，其於商界肆應施展之才賦亦不多讓。我曾有打油詩作贈武忠譽珮兄嫂：

小妹葳奇❷郭譽珮，女中狀元稱尊貴。
天生麗質難自棄，淡妝濃抹足堪味。
嫁得夫君項武忠，當朝進士國師位。
讜論奔濤黃河水，發聵震聾不嫌累。
夫唱婦隨名人堂，出雙入對龍鳳配。
鴻圖大展財氣旺，良緣美滿萬千歲。

晚晴後，天天天藍李歐梵教授

酒蟹居最後一位「國士」級朋友是李歐梵。李兄當年在臺大與白先勇、劉紹銘、陳若曦（秀美）、王文興諸君子同班，創辦了高級文學雜誌《現代文學》。畢業後，負笈來美，獲哈佛大學博士學位，先後任教於普林斯頓大學、印第安娜大學、芝加哥大學、洛杉磯加州大學、哈佛大學。退休後任香港中文大學名譽講座教授。我有幸於一九八一年與李兄及其他六位在美國大學執教的朋友，受中國文化部之邀同團訪華，是為初識。

---

❷「小妹」為我輩對其秀外慧中的昵稱。「葳奇」為英文名 Vickie 之中譯。

歐梵兄治文學思想史。對中國近代文學與革命之關係與西潮東漸的影響都有深入著墨。而對中國近代文學巨擘魯迅先生的持論更是精允。治學之餘，歐梵兄對西洋古典音樂之欣賞喜究真是高出於一般，而對情愛之說更是以身為喻。其與玉瑩嫂夫人相愛之深、傳情之切，在數冊二人共同署名的著述中明晰可見。他不但身為文學國士，亦是一代情聖。我也曾有小詩一首戲贈這對晚晴軒中的絕配鴛鴦：

南妻北夫雙姓李，前世姻緣結連理。
天天天藍天天藍，分分分秒分分你。
海上明月共潮生，一條被子永不洗❸。
羨煞天下有情人，爭奈八字少一筆。
何須看盡洛城花，晚晴軒中小夜曲。

❸ 歐梵、玉瑩兄嫂恩愛極深，二人共同為文寫書凡數冊，此之謂也。

2002年李歐梵、李玉瑩夫婦（中間二位）在酒蟹居留影。

2008年與項武忠夫婦（後排右二、前排右二）、李歐梵夫婦（後排右一、前排左三）、丁邦新夫婦（後排左二、前排左二）、玲儀（前排左一）、郭譽玫（前排右一）合影於郭譽珮經營的明苑餐館。

第十六部分

餖飣雜碎

我有幸生活在兩個世紀。
二十一世紀對我而言，
彷彿是旭日東升。
中國的形象日顯……
應該覺得是異常滿足和幸運了。

穿了「華僑」外衣的中國人

我是穿了「華僑」外衣的中國人。這樣的中國人談說「中國」問題，不是談論海峽兩岸的由不同政府統轄的中國，而是談說由中華民族撐起的歷史文化的中國。因為，如果民族敗了、亡了，國也沒了。「脣亡齒寒」是點出興與亡的因序，而我在古稀之齡因為拔除了六粒牙齒，戴上了假牙之後，那親身感受則更甚於「脣亡齒寒」，是「齒之不存，脣將焉附」。以齒喻民族，再合適不過。

華僑，已經不再是生存於中國本土之上的「大我」中國人，而僅是具有歷史文化屬性的「小我」中國人罷了。對於世界上的人來說，這樣的「華僑中國人」，習慣上外人仍是以「中國人」(Chinese or Chinamen) 呼之的。因此，華僑擺脫不了「中國」。換言之，華僑仍代表中國，不管你願意與否。

除了生理上的特徵，語言文字當是華僑最具代表性的中國特徵。很不幸，由於臺海兩岸，把原先一統的中國，分成了兩國分別管轄統治。而中國的文字，由甲骨文發展延續下來的楷書，也不幸地分成了兩岸不同分別推行的繁簡兩套了。

關於繁、簡兩體，孰是孰非的問題，多年來各持己見，水火不容，爭論得難解難分，我不再提。我想說的是，由繁入簡，這是大勢所趨，中共推行簡體字，在減少文盲，在推行教育方面，其功效是肯定的，不容否認。其實，在中國大陸，繁體字並未因簡體字的推行，而遭到政府扼殺的命運，一般行文、印刷、教育，皆以簡體字為主。但是，在民間社會，比方商標、店名、牌示等，也常見有繁體字的出現，而民間個人習用繁字，更是常事，不是什麼違法大逆不道的行為。相反的，在臺灣，倒是因為國民政府原係敗亡之寇，反而事事要以維護正統為原則，簡字於是就被視為「不正」的代表，而遭到罷絀了。殊不知，還是有極少數的簡字，成了漏網之魚，在清水中俛仰，瀟灑得很。比方說，「臺」早成為「台」，在臺灣，目前幾乎已經政府民間不約而同廢掉了；「還」字，大半在臺的人也早都常書之為「还」；「來」字寫成「来」；「为」也不時出現。依我看來，這都十分正常合理，不值得大驚小怪。否則，為什麼若干在大陸推行的簡字，在臺灣，會在民間不自主的情況下也落地生根了呢？還有，許多力言簡體字為非，一味要趕盡殺絕的人士，硬說簡體字不好看，不夠藝術，這簡直是一派胡言。文字原係一種符號，沒有什麼好看與否的問題。而且，美醜的分別原則是什麼？習用久了，看熟看慣了的東西，就好，就美，新東西的出現，大家慌亂，看不順眼，排而斥之，於是信口胡言，太幼稚太頭腦簡單了。

怎麼辦？答案很簡單，繁簡識用隨意，各不相涉。臺灣的中華民國總統馬英九先生，提出對中國大陸主張的繁簡體字的問題，要「識正書簡」；而覺得中共政府似也可以對臺灣的中國人提出「識簡書正」。我還想說，「正」之是否，全是政治成敗的標幟，根本不必用，「繁」「簡」已經夠了。中共立國五十年了，已經是聯合國的成員國，正式代表中國了，還說它不「正」麼？在臺灣的國人，到中國大陸去旅遊，餓了，要吃麵，你看見了賣「面」的店家，難道不吃了麼？你難道愚蠢得連「麵」「面」一物二名也不辨了麼？去中國，你難道不看中文的报纸（報紙）了麼？电视（電視）也不看了麼？广播（廣播）也不听（聽）了麼？

至於中國大陸推行簡字，用同一字代替許多音同義不同的字，以致發生許多困擾的問題，倒是因為忙中有錯，有訂正的必要。除此以外，簡字的推行，沒什麼不好。

除了文字以外，在僑界，也常有聽聞華僑說中文時，用「僑界中文」脫口而出的情形。比方說「一份報紙五角錢」說成「一份報紙五十分」，很刺耳。把「再見」硬說成「拜拜」，也很令人不耐。這些中文正確的常用語，不能因為身在僑鄉，就任意變質變味了。

我提出了這樣的問題，正是要表示，在海外，披了「華僑」外衣的中國人，一定要體面地展示中國人的尊嚴，不可隨意。

還有，在「吃」與「喝」上，華僑不應任意竄改傳統。紅燒肉，在家可以把肥肉剔除一盡，燒成一鍋全是瘦肉硬如磚石的紅燒肉，在中國餐館，你在菜單上可以免掉紅燒肉一項，但既賣紅燒肉，就不能不見有肥有瘦的五花肉。要喝茶，不能僅用茶袋泡茶，不可以只圖方便，因陋就簡把茶葉全拋棄了，不談紅茶綠茶了。不必盡懂茶經，但至少要知道龍井、包種、香片、凍頂。漢堡就是漢堡，不是美國包子。我有一次在漢堡店聽見一位中國小女孩向媽媽說「我要兩個美國包子」，而媽媽並未即時糾正。

魯迅曾把口操洋文的中國人譏為「假洋鬼子」，華僑切莫不慎落入魯迅的圈套。華僑，在海外，一定要堂堂正正、氣氣派派地展示中華民族的特長。

吃喝爽好，精足神飽的退休生活

我的退休生活，十分自適。簡單來說，就是：

天天吃喝爽好，日日精足神飽。情緒平順，煩惱退少。夫妻互動，其樂融融。退而不休（讀書、寫文章、作畫、練習書藝、含飴弄孫、與退休朋友吃飯交流、整理庭園）喜來早。不老，不老，真不老。

退休以後，由動歸靜，這是生活上進入晚年的自然現象。根據醫界的說法，老人的運動仍至關緊要。現在大家（老人）習見的退休生活，是打麻將、打太極拳、打網球、打高爾夫球、晨跑等。除了打麻將以外，似乎都是體能方面強調的運動，我的醫生就說，未必每人都需如此。他說打麻將其實是不錯的運動，就是不要被輸贏所制就好。退休之後，獨處的時候較多，我倒是覺得不如在單人可以習究的事上下些功夫。打麻將雖好，但必須糾眾方可成局，習練書法，揮筆弄墨，神貫氣平，我的醫生便認為是極好的「運動」，因為一動與一靜相互保持平衡，這樣的運動，精神與體力兩方面均受益。再說，為僑數十年，基於環境與工作，中文大約一半被蟹行文字喧賓奪主了，漢字被追殺節節敗退之餘，這分氣苦，對絕大多數換了國籍的「華僑」來說，似也可將母語漢字漸然書寫得歪七扭八的恥辱，一掃盡除。寫字不必驚師動眾，一桌即可，彈丸之地可供揮灑自如，何樂不為！諺云「紙上談兵」，力透紙背，寫寫詩詞雅句，把一身俗氣滌清，達到養性修身的效果，此其時也。

餘暇既多，經濟無虞，退休之後，旅遊似亦為可行之事。讀罷萬卷書，行它萬里路，這也是心情暢和的佳好運動。讀讀食譜，試製一二佳餚，情趣兼之，又得享用，定是大好之事。達生常樂，把老境裝點得活潑亮麗，絕對是好事一樁。

我與幾位退休朋友，每週定期聚會一次，選擇餐館一家，吃之為樂，海闊天空，無所不談，甚至因婦人不在，可以信口胡言，大快。夫妻相處既久，感情彌堅，有時暫拋異性，幾個大男人有節制的吃喝一快，那種舒爽，正是老夫老妻一輩子生活的滑潤劑。

我有幸生活在兩個世紀。二十一世紀對我而言，彷彿是旭日東升。中國的形象日顯，試看：中國人已在太空漫步，中國人主辦了空前盛大的奧運會，中國人接二連三獲得諾貝爾獎，中國海軍遠赴非洲，參與保護國際海運、防止海盜猖獗的和平工作，中國人在四川大地震中所表現的毅力、勇敢、果斷、理性、熱誠，中國人在二十一世紀世界性經濟大衰的震撼人所表現的穩重、一枝獨秀的主控，這些大方面中國人的成就外，海峽兩岸的外交休兵，僑務務實修睦，兩岸的正式定期通航，這些中國人的自己事，都出現了新端倪，何況，在臺灣，早推行了民主政治。政黨輪替，就是好例子。政府的一些小單位，在臺灣都有長足的改善。現在的區公所，你要去辦理什麼事務，承辦人之謙和有禮，辦事之迅速有效，簡直不可與當年相提並論。生活在二十一世紀的我，應該覺得是異常滿足和幸運了。

【8】

細微的一炷香　　劉紹銘　著

本書作者為海外知名學者，研究現代文學聲譽卓著。本書為其最新之文集，蒐集大陸民運前後發表的文評及雜文，書中論述對象雖東西有別，但一貫精神則是對家國的關懷及深沉的期望，真情俱見其中。

【96】

兩　地　　林海音　著

一個是父母的家鄉，一個是成長的地方。客居北平時，遙想故鄉臺灣的親人；回到了臺灣，卻懷念北平的人情景物。兩地的相思，懸著的是一顆想念的心。於是，林海音寫下了對於這兩個地方的思鄉情，為生命中的兩地留下溫暖的回憶。

【228】

請到我的世界來　　段瑞冬　著

從文革時地無三里平的貴州，到社會福利最完善的瑞典北國，再到改革開放後的上海，這三十年如雲霄飛車般的轉折，會發生多少故事？作者經歷過的世界，充滿溫暖、希望、激情、樂趣。讓我們透過文字構築的時光通道，一同走進這片奇情天地。

【243】

何其平凡　　何　凡　著

本書作者握筆寫作逾一甲子，其揚善批惡、鼓吹科學理性的現代精神，對推動臺灣社會進步，功不可沒。本書是他在人生閱歷臻至成熟的白金時代，用「何其平凡」之筆，寫下「何其不平凡」的識見，為其辭世前最後著作，別具意義。

【文學 003】

鏡中爹

張至璋 著

五十年前的上海碼頭，本書作者的父親與他揮別；五十年後他從澳洲到江南尋父。一張舊照片是他的鏡中爹，一則尋人廣告燃起無窮希望，一通國際電話如同春雷乍驚，一封撕破的信透露幾許私密。天南地北搜索一名老頭，卻追溯出兩岸五十年離亂史。

【文學 015】

泰山唱月

古　華　著

本書以懷人憶舊為其主軸，敘述的時間涵蓋了作者災難伊始的童年、屢遭生死磨難的青春歲月，到步入充實而憂患的中年，最後飄落異鄉，靜心寫作。命運給予古華的雖多是磨難，他卻在文學裡立命安身。

【文學 023】

惆悵夕陽

彭　歌　著

本書收錄了資深作家彭歌〈惆悵夕陽〉、〈向前看的人〉和〈微塵〉等三篇中篇小說。三個發生在不同時代的故事，一貫的是作者心繫兩岸，向前瞻望，對海峽兩岸人民生存情境的悲憫與關懷。

【生活 002】

記憶中的收藏

趙　珩　著

近五十年來，中國社會經歷巨變，許多傳統事物和文化，都逐漸從人們的記憶中飄逝。作者採擷過往人生經歷和見聞，娓娓道出收藏於記憶中的人情、事物、風俗，再現了五十年間急遽消逝的生活場景。

莊因作品

【三民叢刊 99】

詩情與俠骨

一顆明慧的善心，一份真摯的情感，經過俠骨詩情的鑄煉，將生活上的人情世事，轉化為最優美動人的文句，呈現出自然明朗灑脫的風格。文學對於作者而言，不僅是興趣，更是他的生命。

【三民叢刊 154】

飄泊的雲

藉親情撫昔，如飄雲流水，無限深思。不論人物速寫，或域外棲遲的抒懷，或臺灣青少生活的追記，或日常隨筆的巧思，在在都看得見作者充溢的才情和清暢的文筆，也處處流露著盎然的諧趣。

【三民叢刊 203】

大話小說

將生活中習見之事物，以小見大，深入淺出，道及許多我們常見而未曾注意的問題。細細道來，反覆見出中國文化的許多「死角」，最能勾勒出問題之深涵，發人深省。

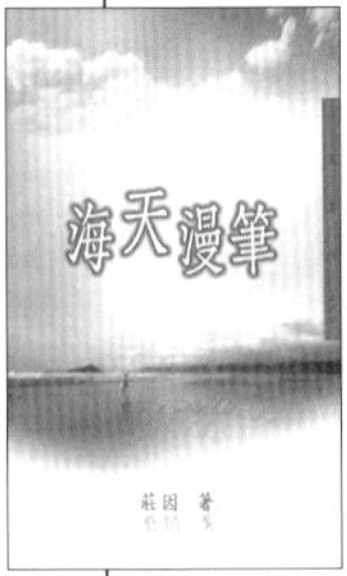

【三民叢刊 209】

海天漫筆

莊因的文字一向注意捏合情與理，此書也不例外。他以漫話方式傳達對生活細瑣詳熟的人和事的看法，希望能啟發今人的思維。下筆深入淺出，不掉書袋，更不為夸夸之言，是本著知識分子的良心良能對文化作出一點微薄的貢獻。

【三民叢刊217】

莊因詩畫

莊因說自己有三枝筆——粉筆、鋼筆、毛筆，指的是他有三種角色——教師、作家、書畫家；他謙稱本書是他以第三枝筆所創作的「副業」，漫畫作品配上了俚語韻句，表達的是他身在臺、美兩地不同環境的所見所感。

【三民叢刊281】

一月帝王

●聯合報讀書人新書推薦

體驗文字的魔力，串連細微神經的末稍，在封面封底之間，讓毛孔吸一口清新與悠閒。本書或談說人生及處世態度，或為憶往與感懷之作，或論野趣種種，下筆亦莊亦諧，以小見大。

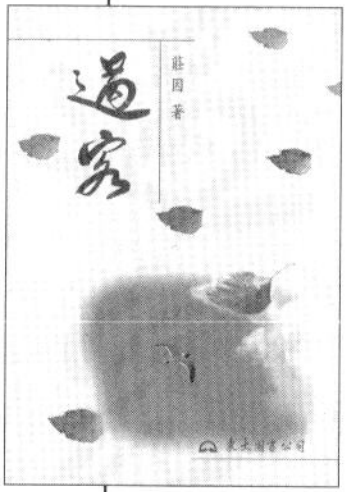

過　客

本書以為香港才女吳瑞卿女士彩色攝影之配詩為主，輔以數年來在臺灣各報副刊零散刊出之青澀小詩十數篇，集合而成。書之取名，即以散詩之同名作品而得。其意象深遠，值得細細品味。